影响力循环

CIRCLE OF IMPACT

TAKING PERSONAL INITIATIVE TO IGNITE CHANGE

[美] 埃德 · 布雷内加尔（Ed Brenegar） 著

智越坤 译

中国科学技术出版社

·北 京·

图书在版编目（CIP）数据

影响力循环 /（美）埃德·布雷内加尔（Ed Brenegar）著；智越坤译 .—北京：中国科学技术出版社，2021.3

书名原文：Circle of Impact: Taking Personal Initiative to Ignite Change

ISBN 978-7-5046-8968-9

Ⅰ. ①影… Ⅱ. ①埃… ②智… Ⅲ. ①管理学—通俗读物 Ⅳ. ① C93-49

中国版本图书馆 CIP 数据核字（2021）第 035226 号

策划编辑	申永刚　赵　嵘	**版式设计**	锋尚设计
责任编辑	陈　洁	**责任校对**	邓雪梅
封面设计	马筱琨	**责任印制**	李晓霖

出　　版	中国科学技术出版社
发　　行	中国科学技术出版社有限公司发行部
地　　址	北京市海淀区中关村南大街 16 号
邮　　编	100081
发行电话	010-62173865
传　　真	010-62173081
网　　址	http://www.cspbooks.com.cn

开　　本	880mm × 1230mm　1/32
字　　数	145 千字
印　　张	8
版　　次	2021 年 3 月第 1 版
印　　次	2021 年 3 月第 1 次印刷
印　　刷	北京顶佳世纪印刷有限公司
书　　号	ISBN 978-7-5046-8968-9/C·172
定　　价	59.00 元

“本书兼具个性化、通用性和实用性，让我们深刻意识到我们每个人都可以创造不凡。就在此时此刻，我们能够通过自己的行动来提升身边的人。”

—— 赛斯 · 高汀（Seth Godin）

《关键：你不可或缺》

（*Linchpin：Are You Indispensable?*）的作者

谨以此书献给我的孩子们，

是他们给予我灵感。

特鲁普和吉娜，

斯图尔特和谢尔比。

感谢你们的爱和榜样。

弗兰和简，

弗朗西斯和艾德，

海伦、阿兰和阿卜哈。

序

正当我打算编写本书时，我做了个梦，梦见自己被推入了一个令人恐惧的境地。

我坐在出租车里，不知道自己要被送到哪里。当车辆停下来时，一位年轻女士向我打招呼，她说："我们一直在等您，下一位就轮到您了。"然后她带我来到一个大礼堂。

我问她："我在这里做什么？"她说："您是下一位演讲者。"

"什么？不可能，我还没准备好。这些人是谁？他们为什么会在这里？我为什么会在这里？我要讲些什么？"

"跟我上台就行了。"我走上讲台，转身面向观众。我体若筛糠、呆若木鸡，感到整个世界都凝固了。我望着台下的几千人，他们也在注视着我，礼堂里鸦雀无声。我看着他们的脸，有些人面带微笑，有些人则显得忧心忡忡，我只能硬着头皮开口了。

“在座的各位想知道我此时此刻站在你们面前是什么感觉吗？这实在是太可怕了。五分钟前，我还不知道我会站在你们面前。”

“如果你们是我的话，你们会怎么做？逃跑？出于某种原因，我觉得我不能就此逃走。”

“我想告诉各位的是，在我们每个人的内心深处都珍藏着属于我们自己的故事，我们沿着自己的故事线来到了人生的这个阶段。我们意识到，自己内心的欲望决定了我们的生活，为了让人生故事趋于完美，我们必须全力投入。”

“你们要做的就是，像我现在这样，讲出你们内心深处的故事。下面，我想给各位分享一下对我来说最为重要的事情以及我生活与工作的重点。”

我放松片刻，深吸一口气，开始告诉他们我是谁，以及对我来说最为重要的事情。

“我是一个作家、演说家、教练、父亲，还是一个艺术、书籍、音乐、电影和旅行的爱好者。我是一个对世间万物都充满好奇的人，我想为平淡无奇的世界赋予更多意义。”

序

“我愿意信任别人，因此他们也会信任他们自己。”

“我信任每个人，因为我在他们身上看到了有待发掘的潜能。同时，我也看到，我们之所以经历过许多冲突、不幸和痛苦，都是因为我们未能找到一条正确的道路来发挥我们的潜能。”

“我相信我们的内心都有欲望，我们渴望意义和目标。”

“如果我们能与所渴望的意义和目标建立联系，我们就会让自己和他人的生活变得更加美好。”

“我并不是一个理想主义者，而是一个积极的现实主义者，我知道生活可能充满艰难、痛苦与失落。如果无法掌控好我们的期望，我们就会被轻易击垮，这样就永远无法实现自己的核心欲望。”

“我是一个为领导者服务的领导者，我关心和支持那些在公司和社会中发挥领导作用的人。对大多数人来说，选择成为公司的领导者将意味着踏上一场孤独的旅程。如果你做此选择，我想伴随你一同踏上这场旅行，帮助你领导好你的员工和公司。”

“我对领导力的看法与大多数人不同。我并不认为领导力象征着公司中的某种头衔或是职位，而是人们在其生活中发挥作用和产生影响的一种能力。我不会把世界划分为领导者和追随者，我们要学会如何同时扮演好这两种角色。领导力并非单纯地彰显权力，而更重要的是履行好个人职责。在一个大家能共同承担领导责任的社会环境中，领导力能得到最佳发挥。我认为我们现在生活在一个缺乏领导力的世界，但未来我们将拥有一个富有领导力的公司和社会。”

“我认为目前领导力世界正处于危机和冲突之中。‘领导力’一词已经用来定义世界人口中的一小部分精英特权阶层，它在公司中已经制度化，使得获取权力和资源变得更加困难。员工告诉我，因为这种制度偏见，他们不想被称为领导者。因此，这种情况必须改变。”

“我相信，任何人，无论他们是谁，来自哪里，受过何种教育，或者完全没有受过任何教育，都可以通过个人主动性来创造影响力并进而发挥领导作用。一个人不是因为采取行动而成为领导者的，而是他行动的特征决定了他是领导者，这种特征取决于他为什么领导和如何去领导。领导力是根据实施重要变革的能力而界定的。”

“我现在想问你们一个简单的问题。今天，在你们生命中的此时此刻，你们想要改变什么？有哪件事情让你们无法摆脱而必须去做？而在此过程中你们又遇到了哪些障碍？”

“我们要克服的第一大障碍就是对可能性的自我认知。”

序

“我认为衡量领导力的标准只有一个，即你的行为带来了怎样的改变？没有改变就没有影响力，而影响力是领导力的核心衡量标准，影响力就是改变。创造这种影响力就是领导力的宗旨。”

“我相信，所有的领导力都始于个人主动性，也就是个人创造影响力的决心。”

“领导力的实践是一种关系的实践。我们不是靠自己来领导，而是与他人共同领导这种关系，一直都是这样。”

“我认为，我们正处于人类历史上前所未有的转型时期，社会和公司在过去两千年中一直在自然发展。随着数字时代的到来，我们现在可以利用工具、知识和资源来实现我们的愿望，以前所未有的方式创造、创新和合作。”

“这种转型的一部分是人类目的的转变。我们是通过机构中的职位来定位，还是通过这些职位所产生的影响力来定位？”

“这种转变取决于我们做出的贡献与带来的改变。它关乎我们如何共同生活、共同工作、共同改变和共同领导；它关乎的不是我想要拥有什么，而是我们能共同创造什么。”

“我认为所有的发展都是始于小事。因此，我们应该从小事做起。采取小的主动性、采取小的步骤、实现小的改变，以构建共同责任关系，从地方开始，直至扩展到全球。通过采取这些小的措施，我们就会推动发展、加快变革速度和增强影响力。”

然后我从梦中醒来，我仍然站在舞台上，但现在有成千上万的观众和我站在一起。

你是否发现自己身上有一些未开发的潜能，召唤你通过改变别人的生活来改变自己的生活?

和我一起踏上这段旅程吧！希望你能从自己的梦中醒来，意识到未来正等着你去创造一个具有影响力的人生。

前言

不论你是否感到意外，我们确实生活在一个正处于转型期的世界里。可以说：

我们全都处于转型期，

无论是员工还是公司。

我们正在经历的变革不是随机的、破坏性的或是混乱的。相反，它是一系列变革的组合，呈现出戏剧性的转型，使我们能从中理解自我和世界的运作方式。

在这里，我并不是说我们对抗不了这种变革，而是认为，理解引起这些变革的原因对我们而言更有意义。如果我们能从这个角度来理解这种转型，就能发现我们有机会成为重要人物，并通过我们的公司做一些具有历史意义的重要事情。

40年前，我发现了这种转型。领导力的影响力循环模型就是我多年来研究这一转型的成果。

在介绍影响力循环前，我们先来看一个关于领导力的简单概念：**所有领导力都始于个人的主动性。**

任何人都能发挥个人的主动性。我们每天都这样做，从始至终都在忙碌做事。尽管我们主动做事，但这并不意味着我们采取的所有行动都是具有领导力的行动。

我们说领导力始于个人的主动性，是指更有意义的事情。可以说，所有的领导力都始于能改变现状的个人主动性。

事实上，每个人都可以获得领导力。

那么，改变现状是什么意思呢？它是指我们发挥个人主动性能够带来一些改变。其中最重要的一个主动改变行为就是创造影响力。

那么我们现在可以说，所有的领导力都始于个人主动性，它能够创造影响力，进而产生重要变革。

我对于领导力的观点与传统观点大相径庭。几十年来，大家普遍认同的传统观点是，领导力是一群善于管理公司的精英团队所拥有的罕见的、高级的甚至是英雄式的能力。我的看法则完全不同。

在后文，我们将深入探讨这种关于领导力的传统观点为何，以及它是如何经历转型的。正如公司和社会在不断改变，我们所需的领导力也随之发生改变，而我们自己也在随之改变。

人们对领导力认知发生转变的原因之一是支持传统领导方式的条件已发生变化，这种转变并没有让事情回到过去的状态。相反，我们正在经历的一系列巨变将我们带到一个全新的世界。这种转变既让我们感到不安，也让我们充满希望。其中最大的变化就是我们意识到我们可以通过与他人合作创造和实现更多可能性。

我只想告诉各位，当意识到自己正处于转型之中时，我并没有欣然接受。当今社会，我们所处的环境不断地发生变化，意味着我们在世界上所享受的安全和保障也在随之发生变化。我不会去手舞足蹈地庆祝这个世界所发生的变化，我真的希望我们能严肃地和有针对性地去研究这一转型期。尽管我认为这一转型期对很多员工和公司来说是一段艰难的时期，但我相信，从长远来看，这符合每个人的最佳利益。而这并非意味着未来之路一定铺满鲜花；相反，我看到它充满了冲突和艰难的道德选择。

然而，如果我们把本书所讲述的影响力循环的观点付诸实践，那么我们的世界就不会缺少领导者，而是由众多领导者引领发展。我们能采取的最佳行动就是学会对分内之事承担起责任。我提出影响力循环这一概念，旨在帮助人们以简单实用的方式来更好地掌控生活、经营公司及关怀社区。

在接下来的章节中，我们将研究什么是影响力循环，以及它对于处于转型期的我们有何意义。

本书焦点

本书分为四个部分。每个部分都设定一个具体的主题，阐述在这个风云变化的时代成为具有影响力的领导者的意义所在。

在“第1部分：所有的领导力都始于个人主动性”中，我阐述了领导力的影响力循环模型，并且探讨了员工和公司的领导力。

在“第2部分：我们都处于转型期”中，我提出了一个变革的观点，希望它可以帮助我们理解为什么世界上的事情是这样的，以及我们如何从员工和公司两个方面来应对变革。

在“第3部分：影响力循环内部”中，我展示了如何将领导力的三个维度和影响力循环的四个关联理念运用到公司中去，使公司更为完整和有序。这两个框架帮助我们协调整个公司以产生影响力。

在最后的“第4部分：转型期世界的领导影响力”中，我阐述了在全球转型期中我们如何将影响力循环模型应用到公司。

前 言

本书旨在通过简单实用的方式来改变我们关于领导力的观念。

这本书通篇都是在讲述故事，几乎所有的故事都是根据我看见或亲身经历的事件改编。我将事件的特定部分提取出来组成各章节的具体内容。

重新开始

在决定撰写本书之前的几个月里，我正处于人生的一个转折点。那时，我经常会问自己一些问题，可能你们在生命中的某个时期也曾问过自己这些问题。在这个人生转折点上，我不得不决定自己将住在哪里，我将如何在经济上养活自己，以及我的余生能有何作为。那时，我的人生正陷入低谷，我的公司深陷亏损，咨询业务逐渐萎缩，我由董事会成员降至执行董事，随后我又被我领导的非营利组织解雇。而在此期间，我30年的婚姻也走到了尽头。

回首往事，我有理由质疑自己，但也有理由为自己所做的工作感到自豪。唯一的缺憾就是自己的生活和事业并不圆满，而且我一直在思考我的人生究竟能留下怎样的遗产。我本以为自己可以轻松享受一种平凡而庸碌的生活直至退休。在我处于人生低谷时，总有一些朋友给予我关心、信任和支持。我的人生并非糟糕透顶，也没有一败涂地，我从未感到懊悔，也从未奢求过遥不可及的成功。我的人生一直都很普通，我没有理由感到难过或者自怨自艾。

一天晚上，我坐在公寓里，忽然之间，未来生活的场景浮现在我脑海中。我看到自己东山再起，意识到我的人生并未终结，还有很多事情要做，那些最好的、最重要的工作在等待我完成。于是，就在那天晚上，我决定重新开始我的生活，我必须搬家。在接下来的几个月里，我离开了我出生和长大的美国北卡罗来纳州的家，搬到怀俄明州的杰克逊霍尔，在那里我只认识两个人，由此我进入了生活和工作的新阶段。从那一刻起到现在，我一直在进行自我探索，并且深受来自世界各地的善良和睿智的人们的影响。在此，我深深感谢那些加入我人生旅程的人们，他们帮助我构建了影响力循环模型。

我的大胆目标

由于我重塑了人生的各个方面，因此我的领导影响力循环模型的重要性和实用性都得到提升。在过去二十年中，我将诚信作为我的核心价值观之一，以构建“激发领导主动性”为目标。我时常问自己：“我的影响力的衡量标准到底是什么？”是售卖很多书，成为一个专业的演讲者，还是成为一个大家认可的21世纪领导力方面的专家？如果能做到以上任何一点我都会感到非常满意。但是，以上都不是我所说的影响力的衡量标准。

如果说影响力就是改变，那么，我能创造何种级别的影响力，以至在我辞世之后很长一段时间内还能产生重要影响？

百分之一。什么的百分之一？

当我看到世界上百分之一的人口发挥个人主动性来创造领导影响力时，我就知道我已经实现了我追求的影响力。这意味着美国大约有350万人、全世界大约有7500万人正在采取行动，在当地社区发挥重要作用。涟漪效应是一种用于解决问题、创造新机会，并创造美好世界的集体智慧。对我来说更重要的是，它意味着在任何地方、任何公司、任何社会团体中最微不足道的人，都可以通过他们自己的行动来改变世界。

想想你认识的最卑微、最平凡的人，想象他们正在做一件对别人意义非凡的事情，尽管从世界宏观角度来说，这件事是微不足道的。那么，如果全世界百分之一的人都能找到一个相信他们能对当地社区产生重大影响的人，那会怎么样呢？世界会在一夜之间变得更加美好。我认识这样的人，他们在世界的某个地区具有影响力。这些人使得我们的世界在面对变革时可迅速恢复活力。

具有讽刺意味的是，有人曾说我的目标是空中楼阁。他们告诉我，我想要动员7500万人采取行动显得太过自负。但事实上，自负者不会制订大胆的目标，他们会把目标定得很低，以满足他们的自负。而大胆的目标则要求人放弃自我主义，号召他人共同合作。我知道想要号召世界上百分之一的人来采取行动看似有些荒诞不经，但是，我们之所以不敢尝试，只不过是因为我们害怕失败。我们必须抛弃自负和恐惧，因为对于影响力循环来说百分之一只不过是一个很小的目标。

当决定衡量我人生的影响力时，我组建了一支团队。我要特别感谢Keynote集团的尤兰达及其团队；感谢Dupree Miller的妮娜和奥斯丁；感谢Lion’s Pride的比尔及其团队；感谢大卫和唐娜、赛斯、塔尼娅、科特、桑迪、丽莎、娜塔莉和吉姆。他们每个人都天赋异禀，让我能自由追寻那些不敢企及的梦想。

最后，当你们开始阅读本书时，我不希望你们把这看作是学习一些关于领导力的新概念的智力练习，它的意义远不止如此。我希望各位能意识到，你们正被邀请进入一个自我发现和自我改变的旅程，这是我在编写本书时的真实体验。这种变化会发生在每个人的身上，但并不只是关乎我们自己，而是关乎那些世界上所有正在寻找像你和我这样的人，并期待我们能通过发挥个人主动性来展示和创造影响力的人们。当我们如此行动后，我们就可以站起来，谦虚地说：“创造影响力，从我做起。”

目 录

第1部分

1 所有的领导力都始于个人主动性

第 2 部分

49 我们都处于转型期

第 3 部分

101 影响力循环内部

第 1 部分

所有的领导力都始于个人主动性

第 1 章 影响力循环
——领导者模型

为什么有些问题永远得不到解决

20世纪90年代中期，我开始提供咨询服务，旨在帮助领导者加强对其公司的领导，并进而帮助他们加强对地方社区的领导。随着承接的项目越来越多，我发现了一种现象，那就是我接手的问题往往是更复杂问题的表征，这些事件并非孤立存在。尽管每个公司的情况和类型各有不同，但它们存在的问题大同小异。而更重要的是，人们未能通过所学知识来解决这些问题。自从在公司工作以来，我一直认为只有从问题本身着手才能解决问题，但是这种方法并未考虑到除了问题本身外往往还有其他因素在起作用。

我还发现一个更明显的现象，那就是领导者的观点呈碎片化，他们未能将自己的公司看作一个整体。换言之，他们未能看到其公司的各个部分是如何相互契合构成一个整体的。这并不是说他们看不出各部分如何彼此影响，而是没有提供一个简单的观点可以让每位员工在公司中实践。这种碎片化思维产生了更多类似问题。下面我来举例说明。

沟通往往是我们最容易发现的问题。当某个客户或团队成员并未按照我们的预期来进行回应时，往往是沟通出现了问题。在向公众传递信息或者要通过调查表来向团队征求意见时，我们往往需要采取有效沟通。当通过调查收集客户观点时，我通常会制作一份报告，然后分发给调查对象。对我来说，这是一种尊重和信任。所以，在我收回完成的调查表时，很少会出现沟通方面的问题。通过论证，我认为沟通是一个公司最需要解决的问题。

如果贵公司存在沟通问题，那么问题的类型是什么？是不是信息模糊，缺乏明确的行动纲领？是不是采用了不当的办法而未将信息传递给正确的人从而使他们无法予以重视？是不是并没有理解信息接收者到底想要获得哪些信息？是不是这些信息过于笼统，领导团队并不了解客户的实际情况？还是说我们从根本上认为沟通只是向市场传递信息？

在为客户解决这一反复出现的问题时，我研究出了影响力循环模型，如图1-1所示。沟通问题是一个多维度问题，影响

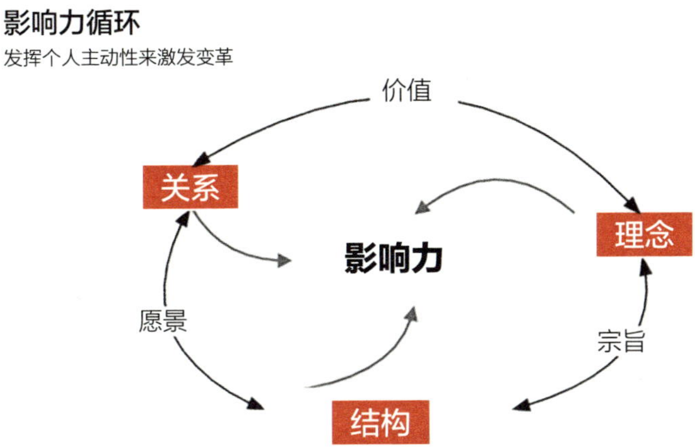

图 1-1　影响力循环模型

力循环这一理念可帮助我们使用一种简单实用的方法来处理工作与生活中遇到的复杂人际沟通问题。

影响力循环是一个公司的三个方面——理念、关系和结构（也称为领导力的三个维度）——之间相互作用的动态变化。通常，这三个方面是独立存在的。我们甚至无法看到这几个方面是如何相互作用和相互影响的，充其量只能发现它们会对公司的实际业务运营产生影响。

更重要的是，组织架构运营将削弱人际关系的重要性。此外，理念也像价值观那样，被边缘化为营销词汇“你值得信赖的供应商×××”，而不是作为发展公司长期实力和可持续性的战略规划。当处于一个以结构为中心而不是影响力循环协同的环境中时，这种碎片化看待公司的方式会让人们产生这样一种观点，那就是轻易把每一件事和每一个人都看作公司机制的一个功能部分。

让我们重新来看刚才提及的沟通问题的范例。当我们发送信息手册和电子邮件，并在社交媒体网站上发布信息，试图把我们的信息传递给客户时，他们往往对我们的沟通置若罔闻。但是我们没有看到，沟通是这三个维度的共同产物。相反，我们把自己锁在办公室里，拉上窗帘，紧闭大门，大声喊出我们的信息，希望能有人听到。如果客户没有听到，我们就会责怪他们。要解决这个问题，我们需要将这三个要素融入公司经营。

首先，我们需要明确为什么我们与客户的沟通至关重要，要清楚我们期待沟通能带来怎样的影响力。通过沟通后我们能让他们做些什么？从这个意义上说，沟通的影响力是一种惠及双方的有利变化。

其次，我们需要与整个顾客群体——客户、雇员、供应商、邻居和行业——建立彼此信任的关系。要让他们相信，我们所说的一切都反映了我们作为一家公司的宗旨，并且符合他们作为我们顾客群体成员的最佳利益。在与他们建立了信任关系之后，我们就会了解到他们希望沟通后产生怎样的结果。我们应该传递给他们想要接收的信息，而不仅仅是我们自己想要传递的信息。

最后，我们需要了解与客户沟通的最佳方法，以达到两个目的。目的一，增加他们对我们的信任；目的二，让他们清楚我们希望他们做出怎样的回应。

在影响力循环的协同模型中，这三个维度同等重要，它们为我们提供了一个简单实用的方法来应对个人和企业所面临的挑战。在大多数情况下，其中某一个维度似乎更迫切需要变革。当我们从其中一个维度开始着手时，如果我们将另外两个维度加入这个过程，就会发现我们总会在三个维度的协同中找到解决方案。

现在，在沟通情境中，假设我们的问题在于未建立彼此信任的客户关系。最低效的方法就是我们直接去找客户，告诉他们想增加彼此之间的信任。相反，我们应该直接问客户两个简单的问题：你需要我们提供何种信息？你希望我们如何提供该信息？建立信任关系的解决方案是我们认真倾听并回应，而不是期待他们来回应我们。

理念网络

在构建影响力循环的概念图景时，我逐渐发现了一个深层次的事实。某些价值观在公司经营中占有主导地位，诚信、高效、灵活、协同和可持续性是公司领导者的指导要素。当我们将这些要素明确传达并付诸实践后，公司就会变得越发强大。但如果你仔细观察这些要素，就会发现它们从根本上说是一个公司的结构维度的条件。

通过与领导者及其所在公司开展合作，我逐渐发现他们的问题不仅是公司上的问题。他们的领导团队与员工之间存在着理念上的差异，这使得构建信任文化变得越发困难。此外还发现，当我们认定为具有价值的想法被视为公司经营的次要或备选要素时，会让员工很难协同工作。因此，明确说明公司行为的目的及方式是构建信任关系的前提。在与企业代表会谈时，并不需要很长时间就能发现他们是否清楚公司的价值观和目标。如果缺乏这种明确说明，员工就会沉默不语，不愿每天尽力工作。

在“影响力循环”的三个领导力维度中，每个维度都设有一个简单的实践目标。对于理念维度，衡量标准是明确表达。员工是否清楚公司的指导价值观？公司的宗旨是否简单实用？

它是否说明了公司旨在实现的影响力？员工是否明确理解了公司旨在实现的影响力？这里所说的影响力，是指那些对公司生产的产品或服务产生重要影响的变化，以及公司如何在市场上创造这种影响力。最后，是否设定了清晰的愿景，让公司的全体员工都努力工作来实现这种影响力？

对于关系维度，衡量标准是信任。员工之间是否建立了彼此信任尊重的文化及公司以怎样的方式对待员工？信任是关系维度中的尊重和诚信的价值文化的产物。建立信任很难，但摧毁它却很容易。因此，我们是否将信任作为公司成长和可持续发展的首要考虑因素呢？

对于结构维度，衡量标准是灵活性，或者说是在不断变化的环境中的应变能力。灵活性是当今商业中一个经常被提及和讨论的概念。从全球视角来看，无论是我们的公司还是社会，都正处于一个伟大的变革时代。那些只专注维护其传统业务结构的公司会将这种变革视为洪水猛兽，不会采取措施来培养自身灵活应变的能力。

在过去，我们会单独定义和对待我们指导思想中的每个维度和每个要素，在办公室里张贴一份价值观声明。公司的宗旨就是打造品牌，公司的愿景是一份关于公司未来发展定位的声明，而不是关于员工如何通过公司体系来实现影响力目标。在我提供咨询服务的二十年里，那些明确而坚定地想要为客户和整个社会带来影响力或变革的公司屈指可数。他们的观点永远不是引领变革，而是公司如何发展和盈利。

碎片化公司的时代即将结束。随着时代的发展，如果你不会整合自己的整体业务，那么你的公司将会丧失竞争力，影响力循环模型可以帮助你协同发展公司以创造影响力。在研究过程中，我还发现，那就是你不能从大事做起，而必须从小事着手，最好是从自己做起。下面，我给大家讲述一个故事，这是关于一个生活、事业及其家庭生活都处于转折点的男人的故事，然后我会阐述他如何通过影响力循环来变成一个有影响力的人。

事业转折点：威廉的故事

威廉在其整个职业生涯中都为同一家大公司工作，先是从事销售工作，然后在过去十年中从事管理工作。这家公司目前正在被一家外国公司收购，威廉十分清楚他所在的部门将被并入一个海外办事处。然而，在其职业生涯的这一节点，他无法把家搬到海外。对于威廉和他的家人来说，这成了他们人生的一个转折点。在这个时刻，他们不得不做出决定，选择未来十年或更长时间的生活。

威廉清楚地意识到，以他的年龄和薪酬水平，很难调到一个新部门或另一家公司，当前自己正处于事业的转折点。他与自己的妻子和儿女商讨所处的境地，大家想让他离开这家公司寻找新的机遇。他需要在一个新的行业重新开始吗？应该自己创业吗？孩子们几年后就要上大学了，在这个变化莫测的时代，他不得不考虑经济因素。

这些年以来，我见过太多的类似情况。我发现，很多人都在讲他们能做什么及做得有多好，但他们却无法说出自己的工作能产生怎样的影响力。许多人在遭遇像威廉这种境遇时，往往只是匆忙地寻找下一份工作，他们认为摆在面前的首要问题就是寻找工作。然而，和威廉一样，更重要的问题是他们能为一份工作带来什么。威廉正处于这样一个转型时刻，他将面对人生中前所未有的变化。在此之前，任何变化都是合乎逻辑的、可预测的，并且是逐步发展的，而现在他感觉自己好像跨过了一道门槛，来到了一个无边无际的陌生地方。

影响力循环模型不仅对像威廉这样处于事业转折点的人有帮助，而且对于任何一个发现自己站在十字路口（需要变革的转折点）的企业来说也同样适用。和威廉一样，我们都处于转型期，所处的生活环境并不是每年都一成不变。与我交谈过的许多人都感到这个世界在加速变革，而他们学习或应对变化的能力远远不够，他们在焦虑和恐惧中思考未来。

影响力循环不仅是一个适用于处于变革期的员工和公司的模型，而更重要的是，它能让我们明确我们的人生目标和公司的宗旨，从而改变现状，带来变革。很多人都认为自己是变革的推动者，正在改变世界。然而，当我们身处这样一个转折时刻，就不要再高谈阔论自己是一个变革的领导者，而是要实际引领一场能产生巨大影响的变革。

当我看到这种情景在人们的生活中发生时，我意识到仅仅围绕着当前的事情来规划我们的生活是远远不够的。我们每个人每天都在围绕工作忙个不停，日程排满了我们需要去做的各种活动。仅仅做一些事情并不是理解我们生活的适当方式，尤其是在转折点。因此，影响力原则能帮助我们理解创造美好人生的意义所在，明确你想要产生的影响力。每天专注投入，生活将变得更为简单，因为我们可以选择去做那些能产生影响力的事情，这就是威廉发现自己所处的转折点。

我们的谈话

我准备将影响力循环模型应用到威廉的事业转型中。威廉首先问："我想要产生的影响力是什么？"此时此刻，他并不知道答案。这是一个具有针对性的问题，源于对他和他的家庭很重要的价值观。

威廉和我坐下来喝咖啡，讨论他的境况。我们的谈话内容如下：

"威廉，自从你听说工作将要发生变化后，现在的情况发生了哪些变化？你如何理解你现在所处的这个转折点？"

"我们一家人都把这种变化看作是一次机会，并没有感到恐慌。但这件事情对我来说确实是一次全新的经历，我认识到这不同于我以前做过的任何决定。我想让你指导和帮助我来思考这一变化。"

从影响力循环的角度来看这段对话，具体来说转折点是有关于威廉的工作体系。然而，威廉正在经历的变化更多地与他的自我认知有关，而不是简单地与其下一份工作有关。

在我们的交流中，威廉承认他从未真正思考过自己的目标。他已经把公司的宗旨当成了自己的目标，同时对公司感到满意，因为公司的价值观与他本人的价值观相符。因此，威廉首先要做的就是把自己的生活和工作与公司分开。他需要从整体上审视自己的生活；把自己看作一个完整的人（包括身体、思想和精神），去做那些真正重要的事情；渴望塑造完美自我的意义与重要性；在为家人提供经济支持的基础上进行全局考虑。这不是一个能轻松解决的简单问题，而是一个复杂的问题，需要综合考虑生活的各个方面。

“在为公司工作的这些年里，你产生了何种影响力？通过自己的身份和所做的事情带来了怎样的变化？”

这些问题涉及领导力的三个维度。他的回答更多的是在讲述他所做的公司活动、完成的成功项目，以及他在公司工作初期实现的销售额增长。

这是很多人都有的经历。他们作为公司系统的一分子在行使职能，却从来没有意识到他们的工作能创造怎样的影响。人们往往很难回答自己能产生怎样的影响力，产生的影响力并不等同于产生的结果，尽管它们彼此关联，但要求我们从影响力循环的更深、更具体的层面来思考。

随着威廉继续讲述自己的故事，我又问了他更多的问题，他开始了解工作是如何产生影响的。他制作了一份资产目录，以证明他能为另一公司带来价值。现在，威廉能说出他对工作的喜爱之处及他为什么擅长这份工作。进而，他开始对他的未来人生充满憧憬。

当他清楚自己是谁，他的价值观和影响力目标是什么，以及他从事另一份工作的优势所在，他就可以思考另外两个维度了。威廉简要说明了他能为雇主提供怎样的价值和创造怎样的影响力。他列出了一份认识和信任的人员名单，有些是他的熟人，有些只是通过朋友认识。他去见每个人，给他们讲述自己的故事，最后说："现在你已经知道我想要创造影响力，那么你觉得我应该去结识谁？你能帮我牵线搭桥吗？"在此阶段，威廉将自己的影响力目标与所信任的人保持一致，这些人可以帮助他在某一公司内建立另一种关系，而他的价值观和优势正是这个公司需要的财富。

对威廉来说，下一份工作是在公司办公室还是在一家小型初创企业都已经无关紧要了。对他而言，最重要的是找到一份能产生影响力的工作。几个星期后，威廉应聘成功，顺利地完成了从过去到未来的转型。

影响力循环的重要作用

想象一下，你很清楚自己的信念，能够充满信心地说："这就是我，我的影响力目标是……"从这个角度来看，我们能为雇主提供一些价值，同时也明确了自己未来的发展方向。它不仅对我们的生活有帮助，而且还有其他方面的作用；它能激励自己时刻保持最佳状态，看到自己在日常所处的社会和工作环境中发挥作用，还能让我们预测到最坏的结果。

我们身边有很多人从来没有以这样的方式思考自己的生活或从事的工作，一直认为自己只是生产系统的一部分，顺从地或不情愿地工作，直到下班回家才能做我们真正喜欢做的事情。这种生活与工作的分离状态影响了我们的自我认知，没有把自己看作是一个完整的人，这是领导力的三个维度缺乏协同时经历的碎片化状态。我们发现生活混乱不堪，人际关系矛盾重重，工作也毫无成就感可言。

正如我们希望在公司内协同领导力的三个维度一样，也希望在个人生活中实现这一点。我们渴望自己的生命是完整的，所有行动也是完整的。我们似乎有所领悟，却无法用文字来具体描述。如果我们能将其用文字表述出来，那么就可以采取一些行动。在那之前，我们并不知道如何超越自我怀疑和恐惧，也没有意识到正处在一个并不理解的转型期之中。

如果你现在正处于生活和工作的转型期中，感到自己需要做出改变，那么请你一定要好好读本书，它将带你深入思考如何改变自己的人生。不要只是认同你可以为这个世界创造价值这一观点，而是要坚信你能创造超乎想象的重要价值。你要知道，为什么你的人生十分重要，你的影响力的目的是什么。了解自己人生的重要性具有非凡的意义。因为，当你了解了人生的目的和实现方式后，你就可以在那些转型的环境中探索，相信自己可以创造价值和实施变革。

第 1 章问题
影响力循环——领导者模型

1. 你现在面临的最紧迫的问题是什么？你现在是否正处于生活和工作的转型期？你怎样描述这种情况？

2. 这个问题是观念问题、关系问题还是结构问题？寻找其他两个维度的资源和解决方案，以匹配你的情况。

3. 你希望在未来产生怎样的影响力？为了达到你的预期效果，你需要做什么？

第2章 发挥个人主动性，实现领导影响力

领导力始于个人主动性，这是我作为一个项目和公司领导者发现的一个基本事实。之所以会产生这样的观点，是因为我发现自己处于两种相互竞争的领导力观点之间：一种观点是领导力是一种公司头衔和职位的象征，另一种观点是领导力源于一个人的性格。

当发现自己作为领导者在很多方面都力不从心，但仍需身居高位履行职责时，我就意识到出现问题了。成为一个无所不能的领导者压力巨大，这意味着我的优秀的天赋和潜能永远没有机会得以发挥，我将因为能力受限而影响未来发展。

此时，我意识到公司的构建方式是问题的根源。公司架构阻碍员工发展，使他们无法在公司发挥自己的潜力。实际上，企业在实施重要变革时使其员工很难发挥个人主动性，无法创造影响力，从而失去了最宝贵的财富。这是我开发影响力循环

模型的一个主要原因。

个人主动性

当一个人发挥主动性时，他就会选择采取行动。个人主动性最初是一种动机，旨在实现赋予它生命意义的价值；它始于想法，随后做出决策，最后采取具体的行动。这种变化就是影响力，也就是影响力循环的核心。

三十年前，当我第一次进入领导阶层时，我很快意识到我对领导力的看法与传统观点不同，我不认为这是一个公司中某个角色的象征。相反，在我看来，所有的领导力都是人类行动的产物，无论是个人还是团体所为。从这个角度来说，领导力既是个人的，也是社会的。我们有着不可限量的领导能力、引领变革的能力、解决问题的能力、建立沟通桥梁的能力，以及创新能力，以此服务于公司和社会。

请花点时间考虑一下我的建议。我认为，任何人，无论他是谁，也无论他在过去是多么平庸，都可以通过主动行动带来重要改变。这并不意味着我们必须完美无缺并拥有超高天赋才能做到，只需要发挥个人主动性就能产生有利的结果。

可能你们会觉得我是在讲述一些显而易见的事情。是的，没错，任何人都能做到，但并不是每个人都在这么做。当某一公司的领导力的三个维度不协同时，我们就会很容易看到员工发挥领导主动性受到了阻碍。下面的故事讲述了一位行政领导如何在公司内提升其所在部门的领导能力。

个人主动性缺失：巴里的故事

马文是个机器操作员，萨姆每天修理和维护马文操作的机器，瑞安是他们的主管。马文和萨姆一直在争论马文使用的机器的状况和操作，马文认为萨姆没有妥善维护他的机器，萨姆认为马文不讲理，每次马文向他抱怨时，他就向瑞安抱怨。在初次尝试解决问题之后，瑞安把问题交给了他的主管，主管再将问题上交，最后传到巴里的办公桌上。

巴里是公司的高级副总裁。他感到非常沮丧，他认为这些本应早就解决的问题却频繁出现在他的办公桌上。在过去十年里，这种将问题向上级传递的风气愈演愈烈，这使他与工会的工作关系变得越发困难。随着问题向上传递，马文与萨姆之间的问题就演变为公司与工会之间的问题。当它最终出现在巴里的办公桌上时，它就不再是需要解决的问题，而是需要谈判才能解决的议题。

这种问题为什么会一直存在于公司中呢？巴里认为，这是公司上届管理层遗留下来的问题。当时，所有的决定都由管理层做出。因此，像马文或萨姆这样的员工就无法发挥个人主动性，这就是巴里每周需要花很长时间来解决公司基层问题的原因所在。

个人主动性的重构

马文和萨姆之间的争执表明，在这样的公司里，员工无法自由地解决问题。不管是对或错，工人的感觉就是他们不能真正被信任去做他们擅长和胜任的工作。由于这种心态逐步影响到员工的态度和行为，因此问题永远得不到解决，从而降低了公司员工的效率和响应性。

巴里决定改变这种组织行为模式。他认为，这种问题实际上就是管理的问题。巴里请来了一家专门研究组织心理学的公司，为瑞安和其他管理者进行培训。在培训开始时，巴里引入了一个新的业绩评审系统，其目的是监测培训所涉及的三个领域。他希望看到问题在冲突中得到解决；他希望看到更多的沟通，以弥合公司架构的不完善之处；而且他希望看到像马文和萨姆这样的员工提出的新想法能得到测试和实施。

瑞安采用新的沟通方式与马文和萨姆协商达成一份协议，创建了一个可以解决他们内部问题的流程。

只需五步，让员工取得最佳业绩

无论作为一名小老板还是一名公司高管，实施领导力时让员工取得最佳业绩是最具挑战性的方面之一。你不仅需要为员工提供诱人的薪酬待遇，通过慷慨激昂的讲话来鼓舞士气，还需要创造一种信任的文化，将员工团结在一起，全力以赴地工作。任何领导者都可以采取以下五个步骤建立与团队的信任关系。

1. **让员工充满信心。**每位员工身上都有闪光点，如果你愿意发现和肯定员工的长处，他们就会充满自信、全力投入，争取最佳业绩。

2. **给员工充分自由。**不要事无巨细地去管理他们，如果这样做了，就传递了两个信息：你对他们缺乏信心，同时对自己也缺乏信心。记住，人们能感受到领导者内心的恐惧，并会做出相应的反应。明确你的期望和目标，放手让员工去自由发挥。

3. **信任他们。**信任很难赢得，却容易失去。信任每一个人，要始终如一地信任他们。以信任之心对员工进行培训和管理，就会培养出信任的文化。

4. **感谢他们。**感谢不是奖赏，而是表示感激之情。如果你不了解员工的个人情况，不知道他们的名字，也不知道他们为公司做了什么，你就很难心存感激。表达感谢会潜移默化地产生巨大影响力，要发自真心地表达你的感激之情。

5. 尊重他们。这其中也蕴含感激之情，但更多的是对员工和团队表示尊重和尊敬。请你谨记，他们不是为你工作，而是为你的客户工作。你要做的就是为员工创造一个充满信念、自由、信任和感恩的环境，让他们全力以赴，争取最佳业绩。这就是领导者的职责所在。

为什么个人主动性很重要

一个人想要带来重要改变，并不一定非得做成一个大项目或创建一个企业，只需按照自己所珍视的价值观行事即可。它可以是街边的一句问候；可以是一种善举，一种感激的表达，或一种勇气的展示；可以是会议中的一句肺腑之言，或牺牲自己帮助朋友的一种行为；它必须是一个发挥个人主动性而带来改变的行为。

领导力始于个人的主动性，这是因为公司越来越依赖员工在必要时采取措施去做正确的事情。过去，当我们把领导力定义为一个头衔或一个角色的象征时，常常会说公司结构是领导力的决定性特征。其结果是，任何低于首席执行官级别的员工都可以说“那不是我的工作”，然后把它交给他们的主管或经理。

小问题变成大议题是因为个人主动性被排除在体系之外。公司的宗旨是维持运营系统的有序和完整，但结果是组织壁垒不断蔓延，割裂了过去遗留下来的组织结构。

如今，世界正处于快速变革时期，这就要求公司、机构在应对变化的环境时具有灵活性和适应性。不仅是公司需要有能力在公司的价值观和宗旨的范围内采取个人行动的领导者，在社会的各种公共机构中也同样需要他们。所有人，不管他们是谁、来自哪里或者他们的教育和职业资历是什么，这些都需要实践领导者的主动性。

当领导力被理解为个人主动性的功能时，激励员工个人发挥其主动性，对员工的管理不能简单地依靠雇用合同。相反，需要激励员工发挥其领导主动性，这对公司的健康和活力至关重要。

我们希望员工发挥个人主动性，并不是说任何主动性都可以。相反，我们需要员工在文化价值观认同的情况下采取行动，即指引公司发展并进而指导着每一个员工的决策和行动。我们不能只是简单地去号召优秀员工承担更大的责任，而是需要将影响力循环中的领导力的三个维度进行协同。

个人主动性转变为领导影响力的途径

当我们可以推动他人以一种合作协调的方式一起行动时，个人的主动性就会转变为领导影响力。这是理解21世纪领导力的关键，它对于个人和社会都很重要。

在这二十年的顾问生涯中，我每天都在跟受访者谈论他们在企业或非营利组织中工作的情况。我只需认真倾听，恭敬地提问，人们就会讲述他们的经历。我总是对他们在工作中的负面经历更感兴趣。我最常听到的抱怨是事情的组织方式使工作越发困难，他们会说如果事情采用这样或者那样的方式去做就好了。我默默地想："他在工作中发挥了多大的潜能？"

我们的潜能并不是在工作或生活中能产生的一个确定数量的物品，也不是放在某个盒子里就可以随时取用的。相反，潜能是我们从开放环境中找到的能创造影响力的机会，这种影响力是通过个人发挥主动性而创造的。

我们中有很多人都在追求一种平静、体面、有意义的生活，为我们关心的人和角色服务。但往往会发现，我们被社会和公司架构设置在面前的障碍所束缚，从而使自己无法发挥潜能。我们中的大多数人从来没有想过自己拥有潜能。你想知道自己的潜能吗？请说说你关心的是什么，如果你全力投入对其改善，会带来怎样的改变。清除面前的障碍，看看会发生什么。

之所以会遇到这些影响发挥潜能的障碍，是因为我们自己被社会和公司情境所束缚，而这些情境并没有可以创造影响力的明确目标或途径。

然而，在内心深处有一种声音一直在提醒我们，我们所能创造的人生价值远不止自己目前所做的工作。人们参与慈善项目，如“乳腺癌步行”活动，或者为穷人和流浪汉施舍粥汤，因为他们渴望在日常工作之外让生活更有意义。倘若整天就坐在办公室里，那么如何来思索在工作之外发挥个人的主动性呢？因此，人们甚至根本不会去考虑他们如何在工作中带来重要改变。

要想让个人主动性转变为领导影响力，就要消除我们思想、身体和精神上的障碍，以实现预期目标。其中包括事业心不强、生活缺乏自律、人际关系不佳等方面的障碍。我们总不肯相信，只要渴望有所作为，我们就可以实现这个目标。这些都是我们可以消除的个人障碍。

此外，还存在结构和制度而造成的组织障碍，把人视作生产机器上的零件。如果公司以这种方式运作，那些不甘平凡的员工就会考虑离职。公司只有创造一种能支持个人主动性的价值观，才能留住优秀人才。

我们想要实施变革的愿望会在某些时刻迸发出来，这些感觉在提醒我们拥有无限潜能。把你的人生想象成一个将来要世代相传的故事，故事的核心不是其结果，而是你人生的本质。这听起来似乎有些荒唐，但如果是这样，那么你就发现了阻碍你发挥生命潜能的障碍之一。

我们的潜能是无限的，但这并不意味着我们可以去做任何事，而是意味着我们的影响力潜能远超过我们的想象。此时此刻，这点确信无疑，即使在我们生命的最后一天也同样如此。

请思考以下问题：

“我是想过一种自己能有所作为并不断提升自我的生活，还是想过一种专注于满足自己兴趣的平静生活？”

“我内心蕴藏着怎样一种信念或感觉让我激情澎湃，它是如此重要，如此强大的一种力量，让我无法忽视它的存在并能从中获取快乐？”

这正是我们想要有所作为的动力。正是这种强烈的愿望在召唤着我们走出舒适和安全区，采取一些创造性的行动来实施重要变革，它召唤我们跟随自己的潜在影响力前行。

如果你是一个企业的高管，这就是你希望从你的员工那里获得的那种领导影响力。每当员工发挥个人主动性，公司的潜在利益就会增加。扫除阻碍，让员工团结一致，开拓创新，解决工作中遇到的问题，你就释放了公司中被束缚手脚的员工，让他们成长和变强。然而，你要想将这种对人类潜能的观念应用到你公司员工的工作中，就必须从自己做起，同时你必须认识到自己要发挥领导主动性。你自身观念的改变将引领其他人共同努力，创建一个富有领导力的公司。

影响力是一种能创造不凡的变革。这是一个充满智慧的词语，比其他任何词语都贴切。它体现在能感受一个家庭因丧子而遭受的痛苦并创建一个共享社区来治愈这种痛苦；它体现在拒绝让下滑的业绩挫伤团队的士气；它体现为用行动表达坚强信念：过去不能决定未来。

影响力不是照章办事。当生产线操作员喊道："停！机器无法正常工作。"主管要尊重生产线操作员，认真倾听其汇报，并与所有被生产线操作员带领的员工共同合作来解决问题。首席执行官要到生产线上亲自感谢生产线操作员的领导。

影响力并不是让系统照常工作，而是让其更加完善。通过不断改善系统，使每个部分都能发挥其潜力。

影响力不仅是解决问题，或者是更好地沟通，又或者是想出新的方法去做那些已经被接受并被证实的事情，而是深入探讨我们的生活、工作机构和公司的根基和本源，并提出这样的问题：“我能给公司带来怎样的改变？这个产品能为客户带来怎样的改变？这个行业能为我们的社区带来怎样的改变？”然后，我们就可以解决问题及更好地沟通，并创新工作方式。

我们所说的创造影响力是指引领一种文化变革，衡量盈亏、市场份额和随时间增长的传统标准仍然适用。另外，我们会问，这些数字如何影响公司正在创造的影响力的认知？

变革始于我们对于自己的生活和公司工作所产生的影响力的认知。想象一下，你正在飞越某个国家，在这三四个小时内，你将和身边的乘客为伴。当飞机即将飞离跑道时，她可能会问你是做什么的。你可以明确介绍你的工作情况，包括打电话、填写表格、回复电子邮件、参加会议等，或者可以向她介绍你所在的公司有何不同，甚至还可以告诉她你专注于为顾客服务。通过你的讲述，她就会了解到你的公司在市场上创造的影响力。

在影响力循环模型中，影响力处于核心地位。它是衡量我们的理念、价值观、目标、关系、企业的社会结构和组织结构及社会的最终标准，也是我们确定遗留问题的最终标准。其他的一切都是评论，它只是向我们展示了我们和其他人有多相似。

影响力诠释了为什么事物会分崩离析，为什么它们在不该结合的时候结合在一起，为什么它是我们在这个世界上爱和希望的动力，为什么我们会为员工、企业、社区和自己努力付出。当我们知道某件事情不太正确时，不会因循守旧维持原状，而是会主动地去改变它。我们发挥个人主动性的结果就是创造了能实施重要变革的影响力。

第 2 章问题
发挥个人主动性，实现领导影响力

1. 如果此时此刻我能改变一件事，或者世界上的任何事，那么这件事情会是什么？为什么是这件事？
2. 如果我每天都发挥个人主动性去带来一些重要改变，那么我今天会做什么呢？
3. 是谁发挥个人主动性给我的生活带来了重要改变？明天我要好好谢谢他们。

第3章 成为影响力循环的领导者

影响力循环是一种领导力模型，关注于员工及其公司所能创造的影响力。影响力是一种由个人主动性带来的变革，与传统的基于公司的领导模型相比，其不同之处在于不管是经理还是机器操作员，都可以在其工作范围内发挥领导职能。影响力循环的终极目标是使公司中的每位员工都拥有良好的价值观、熟练的技能和充分的自由，以发挥个人的主动性，提高业绩。

如果说所有的领导力都始于个人的主动性，那么我们就可以说，所有的领导力都是个人的领导力。我这里所说的个人，是指个体（不管他们是谁），根据他们自己认为在其所处的环境中需要做哪些事情而采取行动。这并不是说每个人都可以为所欲为，而是说可以在自己的职责范围内根据他们的自我认同感和目的来采取行动。不同的是，他们可以自由地采取行动，以产生所需的影响力。

例如，当一个人奋不顾身地从燃烧的汽车中救出了一个孩子，而他却牺牲了自己的生命，那么他就成了影响力循环的领导者。在那样的紧急时刻，他能义无反顾地奔向燃烧的汽车而不是袖手旁观，我们能看到这个人秉承的深层价值观。虽然这是个悲剧，但对这个孩子和孩子的家庭来说，他牺牲自我的领导行为却意义重大。

当一个生产线经理为使产品符合质量标准，即使面临减产的情况，也决定停止生产线进行调整时，他就成了影响力循环的领导者。不是行动定义了他，而是行动的影响力定义了他。

当一个年轻女孩创建一个网站，宣传那些在当地学校和社区里为抵抗霸凌而采取行动的女孩和男孩的勇敢故事时，她就成了影响力循环的领导者。

当一个游客离家远游度假时，遇到了一些生活贫困的孩子，他被深深触动，于是回到家里创办了一个慈善机构来资助这些孩子上学。此时，他就成了影响力循环的领导者。

没有人强迫他们去这样做，他们是根据自身价值观中的自我认同感对形势做出的反应，主动去改变别人的人生，即使付出生命代价也在所不惜，这才是真正的领导力衡量标准。人们都认同这种英雄主义行为，但与此同时，其中一些人却在想：

我不像那种人。确实如此，我们中可能没有人像他/她那样。我们是否应该成为那样的人？也许是的，但唯一的前提就是它是我们真实自我的反映。我们内心深处的欲望指引着我们采取一些行动，这些行动能表明我们是谁，对我们来说什么是重要的，以及我们希望拥有怎样的人生。你也许不会为他人牺牲自己的生命，但你可以为自己的信念全力付出。

大多数领导力都不是英雄壮举。英雄主义之所以受到重视，是因为它是一种极为特殊的品质，不是我们大多数人通常拥有的。影响力循环的领导力最重要的并不是博人眼球，而是关乎我们所追求的影响力。我们想在一些对我们很重要的特定领域带来一些有益的改变，我们发挥个人主动性来采取简单实际的行动，因为员工、公司或社区对我们都很重要。

某种体现影响力循环的领导力的行为可能只来自某个微小而隐秘的决定。例如，医生多花三分钟与病人在一起，倾听他们想告诉自己的重要事情，而不是迅速离开房间。医生这样做是因为她十分重视她与病人之间的关系，病人不仅仅是她的一个日程安排，病人更是一个真实存在的人，医生所要提供的也不仅仅是技术上的医疗护理。

无论这种主动行为是英勇的壮举还是平静的行动，影响力循环的领导力首先让我们理解领导力是一种深刻的个人表达，揭示我们的影响力潜能，并且让我们了解如何做到最好的自我。

个人和社会领导力

影响力循环的领导力是一种个人经历，它并不是一份工作，而是对我们珍视的价值观的表达。人们之所以渴望成为领导，是因为他们内心有一种驱动力让他们做出牺牲，从事艰苦工作，并常年坚持付出。领导力涉及人生的各个方面，使我们发挥个人的主动性，让我们可以在任何场合下都能实施重要变革。无论是在工作中、在家里、在我们的社区里，还是在网上，我们都可以行动起来创造影响。我们每个人生来就有这种领导能力，我们实施变革的方式可能不尽相同，但发挥个人主动性的行为对我们所有人来说都是一样的。因此，重要的一点是我们要认识到，影响力循环的领导力既是个人的，也是社会的。

听听人们分享的关于他们生活的故事，我们总能从这些故事的核心中找到关联。我们的导师激励了我们，或者是我们的上级用言语羞辱了我们，让我们火冒三丈，予以还击。我们的领导力不是凭空而来，它们来源于我们的日常生活。

个人领导力往往出现在社会层面。我们为员工做事，我们被视为领导者的员工所影响，我们动员我们的团队去接受一项重要的挑战，我们绝大多数的行动都关注于改变我们与员工的关系，这一直以来都是领导力的本质。因此，个人领导力往往产生于社会环境中。

影响力循环领导者的身份

当我们把个人与社会领导力相结合后，就会真正认识自己的人生。我们要知道我们是谁。我们只有充分了解我们与员工的关系，才能知道我们是谁。这是我们超越自我的第一步，我们可以体验一个超越我们所能想象的更伟大的世界。当我们可以那样做时，我们就能看到，我们的人生可以创造出远超我们现在想象的巨大影响力。

这种认为人际关系是世界运行方式的中心的理念不仅仅是一种实践理念，也是我们生活的一种组织原则。如果我们思考：我和这个人、这个群体、这个社区、这个自然环境有何关系？我们就会逐步理解为什么这些关联对我们很重要。理解了这种关联，我们就可以更加了解我们自己。当我们决定对我们来说哪些事情重要而哪些不重要时，我们的身份就开始逐步形成。

我的一些朋友和家人都十分喜欢大海，只要有机会，他们就会去海滩。他们中的一些人不仅仅是为了娱乐和度假而喜欢大海，他们投身于海洋的健康和福利事业，他们为海洋投入了大量时间和金钱。

我对山也有同样的感情。我住在怀俄明州的山区，这些“怀俄明州的小山”带给我深厚的情感与共鸣，让我感到无比充实，并把我与自然世界紧密联结在一起。我们作为个体的自我认同感与我们和他人的关系，以及我们生活和工作的地方直接相关。

我的家庭对我的自我认知产生了不可磨灭的影响。我渴望了解世界、渴望友谊、渴望我的人生创造不凡，这一切都源于我成长的环境。自由和责任的价值观，家庭传统的影响，以及父母不断给予我的恩典和宽恕，构成了我生活的方式。除了我的祖母在我少年时对我说过一句话，我不记得有哪位家庭成员跟我提及我们家族的价值观。我的家族没有价值观的宣言，我只是听到一些具有实际意义的家庭故事。我祖母对我说的那句话一直留在我心里，那句话是：“无论你做什么，都不要给家族带来耻辱。”这句话让我明白了在追求自己的兴趣和事业时自由的界限是什么。

我发现我的人生经历是那样非同寻常。家庭已经不再是一个养育孩子的地方，而更多的是一个社会定位的场所。孩子们准备好了在社会中扮演一个角色。我们被顺应社会期望来管理社会的压力所麻痹。在线网站和书店里的资料全都在鼓励我们做真实的自己并且发现自己真正的使命，这当然没错，但除此之外，这个社会却缺少能够培养我们自我意识的社会和组织结构。我们也意识到，我们不得不顺从于社会压力，而没有机会寻找真正的自我。

我们屈从于这种社会压力，最终使自己丧失了部分自我。让我们顺从的这种社会责任无法让我们自由地去寻找真正的自我，因为我们对未来的生活一无所知，因此会产生不确定性和不安全感。为了发现真实的自我，我们需要对自己的自我身份有一个清晰的认识，以及我们如何在日常所处的广泛社会环境中发挥作用。由此，我们不断提升自信心，采取主动行动，为我们所关心的员工与公司带来重要改变。

我们的世界正在经历的一种转型是，几十年前所盛行的能让我们轻易在社会环境中立足、适应和找到定位的同质化社会结构如今早已过时。今天，我们的文化被割裂成狭隘的部落领地，其中没有为个体留有生存与适应的空间。这种社会转型将继续下去，因为新的群体将基于对影响力的共同愿望而形成。

我尤其在被自然灾难摧毁了生活、家园和商业的社区中看到了这一点。从社区的公民团结起来帮助他们的邻居的行动中，我能清楚看到，个人主动性能促进社会团结，人们共同帮助那些受影响的人。

影响力循环的领导者不是墨守成规的人。他们是开拓者；他们推动了家庭、公司和社区的改良与发展；他们无私地付出，因为他们清楚地意识到自己是谁；他们追求一种人生的自由，这使他们从恐惧、怀疑和困惑中解脱出来。当他们认可了这个转型期世界的复杂性时，他们就获得了自信、洞察力和谦卑。

我遇到和联系的每一个人都有潜能去创造不凡。是的，每一个人。很多时候，他们给我讲述自己的故事时好像是在讲别人的故事，他们认为自己的故事平淡无奇，我从他们的故事中也听出缺乏激情，无聊透顶。这是因为他们过于循规蹈矩，没有发挥主动性来创造影响力，这些人还没有发现真正的自我。

有些人要讲述一些不寻常的故事。有些人在讲述自己的故事时，他们开始回忆自己曾经缺失的东西，他们开始设想他们挖掘自己的潜能，当然他们也会讲述他们如何重新开始。在一次谈话后，我萌生了写本书、在一个新社区里开一家新公司和开始一段新生活的想法。我发现我不是家里第一个这样做的人，我的祖父和我的曾祖父都曾辞掉工作，自愿去参战。后来，他们没有继续从事以前的职业，而是冒险从事了新的职业。这就是人们开始发现他们的影响力潜能的实际意义。

渴望成为真实的自己是一件好事。我们应该读书、听播客[1]、聘请教练、培养新技能来创造我们的影响力。我们只有采取行动以后，才能充分了解我们的影响力潜能。当我们开始主动行动，慢慢进步，随着不断学习而逐渐变强之后，我们就能认识到我们所能实现的人生目标。即便你没有从本书中学到其他知识，我也希望你能坚信自己完全有潜力去改变你的人生。当你发现真正的自我时，你就会认识到自己生活的意义和重要性。

是否有一种激情在召唤你主动去做一些事情？那就让你的激情指引你前进。当你前行时，请时常问问自己："在这种情况下，我想要创造的影响力是什么？我能带来怎样的改变？"永远不要停止问这些问题，永远不要满足于折中的或简单的答案，永远不要满足于平淡无奇的从众思想。努力主动去做一些改变，你很快就会成为一个有影响力的人，一个真正的影响力循环的领导者。

① 播客：是数字广播技术的一种。出现初期借助一个叫"iPodder"的软件与一些便携播放器相结合而实现。其录制的是网络广播或类似的网络声讯节目，网友可将网上的广播节目下载到自己的iPod、MP3播放器或其他便携式数码声讯播放器中随身收听。

领导力的未来

影响力循环的领导力是公司和社会领导的未来目标，它在很大程度上改变了我们对领导力的观念和实践。具有影响力的人在实施领导力实践时，总会有某个方面被人忽视。在本文中，一个人在其主动行动时体现的品质是未来领导力的一个主导因素，它是个人通过公司和社区中的社会关系表达出来的。过去，领导力被认为是公司中的“领导”为他人树立榜样的影响力。影响力循环的领导力将重点转移到影响力的创造上。只有影响力能改变人们的认知和行为并引发变革，它才具有价值。

向影响力导向的转变意味着每个成员都自由地发挥个人的主动性来解决问题，使公司增强实力。这意味着，如何对员工进行监督，如何对员工进行培训，如何对员工提供支持，都要求公司在观念和设计上进行战略转变，这种转变意味着公司将转变为一个富有领导力的公司。这样将形成一种信任、进取和合作的文化，使公司经历世界上正在发生的转型时充满活力。

公司的未来发展要求其采取不同的领导方法。随着自动化取代了重复的技术工作，留在企业中的人对公司的成功变得更加重要。他们被要求做更多的工作，他们被期望肩负更多责任以完成更出色的工作，他们需要能看到自己对公司贡献的价值。当他们有能力成为影响力循环的领导者时，公司就会变得更加灵活和团结，以产生影响力。这样公司就能转变为一个受影响力循环支配的公司。

协同领导力

如果我们通过影响力循环的领导力的三个维度来看领导力，我们就会看到领导力的各个部分在公司中的正常位置。

以理念为中心来理解领导力关注的是领导的心理学和哲学。历史上著名的领导人的传记中探索了领导力的形式、特征与策略。社会科学家研究组织领导力，为了更深入地理解其现象。学术研究人员为深入研究建立团队、领导变革和担任高级主管提供了最佳方法。然而理念终归是理念，战略价值并没有为影响力建立有效结构。

以关系为中心来理解领导力关注的是在影响力对于推动人们更好工作所起到的重要作用。从社会层面来说，团队领导是为了建立信任和协作的文化，这些文化对于提高团队功能是至关重要的，有利于任何公司。当改善关系被看作是解决内部冲突的一种战术方法时，我们将可能永远都不会发现在信任与合作中蕴藏的潜能。对公司来说，很重要的一点就是思考一下关系是否具有战略意义。

以结构为中心来理解领导力是大多数公司的做法。战略重点是组织体系中各个部分的管理，一般来说，这些方面包括产品或服务、运营、财务和管理，每个方面都有其规定的测量系统。对于影响力循环的领导力，我们每个人都要思考这样一个问题：我们所期望的影响力是什么？如何来衡量这种变化？

我认为，如果这三个维度没有实现协同，以结构为中心的视角将成为默认视角。随之而来的是对变革的抵制、价值观和目标的不清晰，以及创建信任文化的难度加大。当这些维度缺失或减少时，创建一个机制灵活的公司就变得越发困难。

要实现影响力循环的协同，各个维度就要发挥同等作用，为影响力创造条件。通过向那些需要进行改革的公司服务对象提出问题，我们可以了解到我们所需的影响力。协同以影响力为中心，专注于创造重要的变化，它解决了公司中系统集成的实际问题。要实现协同，就要从高层构建领导力，然后让整个公司参与探讨并投身其中，最终实现以影响力为核心的公司。影响力循环正是能实现该目标的模型。

我们实现协同的方法就是提出问题，持续关注我们想要创造的变化。影响力是一种特定的公司成果，在我过去四十年所工作过的几乎每一家公司中，都缺少这样的观点。几乎没人能回答“贵公司的影响力是什么？你想要带来怎样的变化？”

在一个以结构为中心的公司中，这个影响力的问题要求系统解释如何提高经营效率来产生期望的影响力。在一个以关系为中心的公司中，这个影响力的问题质疑了创建信任文化是主要最终结果的概念。在一个以理念为中心的公司中，这个影响力的问题质疑了一个清晰而合理的计划是企业目标的概念。

对影响力循环的领导者提出的影响力问题比较简单。你想改变的是什么？你需要完成怎样的改变才能实现你的目标？

我们需要重新认识自己在公司中的职责定位，我们的职责是以完成任务和活动为导向的。把每个工作日的每一分钟都安排得井然有序并不代表着我们工作高效，甚至可能效率极低，因为我们的日程安排只是体现了一个解决问题的系统，而不是一个创造影响力的系统。个人主动性的领导力是以影响力为导向的，一个由影响力循环的领导者组成的公司早就超越了那种费力逼迫员工却只能取得最低回报的公司。这是一个高度协同的公司，能调动每位员工去完成他们的各自职责以创造公司所需的影响力。

我经常问员工：“在你生命的尽头，你希望留下怎样的遗产？”从来没有人提及他们的影响力，从来没有人提及他们的活动日程。他们通常会提到希望人们会记住他们是一个成功的人，一个好人，或者是一个可靠的工人，回答往往是模糊的、不确定的。这标志着我们的世界正处于转型之中，如果我们每个人都无法说出我希望我的生活和工作、我的公司、我的家庭、我的社区，在一周、一年、三年中，甚至在我们生命的尽头能发生改变，那么我们就需要解决协同的问题。由于缺乏协同，我们无法让我们自己得到良好发展。

我们生活在一个缺乏领导者的社会。我们不需要那些企业中挂着领导者头衔的领导者，我们需要公司中有更多的员工勇敢地站出来成为影响力循环的领导者。当他们做到时，我们就能发掘出影响力的全部潜能，这也将成为未来领导力的标志。

第 3 章问题
成为影响力循环的领导者

1. 有哪件事情会让你感到比其他任何事情都充满激情？为什么这很重要？它对你和你的生活产生了怎样的影响？
2. 如果你能在力所能及的范畴内改变一件事情以产生激情，那会是什么？一旦你改变了它，你觉得会产生怎样的影响力？
3. 你想成为一个影响力循环的领导者吗？（如果在第二个问题中你希望发挥个人主动性来做出改变，那么你就已经迈出了成为一个有影响力的人的第一步。）

第 2 部分

我们都处于转型期

第4章 转型期中的领导力

“你是领导者吗？”我经常问人们这个问题，我想知道他们是否认为自己是领导者。当我二十多年前第一次问别人这个问题时，那些回答令我感到惊讶。我本以为人们在听到我的提问时都会感到沾沾自喜，但他们并没有。大多数时候人们都说“不”，他们的回答并不是对恭维的一种谦虚反应；相反，觉得自己冒犯了他们，对此我无法理解。

然后我继续深入探究其中原因。几乎所有人的回答要么是“我不想当老板”，要么就是“我不想承担所有责任”。他们所认为的领导者就是选定一个人，让他承担责任和抛头露面。在他们看来，领导者都背着靶子，所处的职位易受攻击并随时要面对审查。他们不止一次告诉我，某个同事成了老板以后，他们之间的友谊被毁掉了。他们不想被称为领导者，因为这意味着孤立和痛苦。

领导力是一种代表某种最高程度的通用术语。比如，“她在她所处的领域里是位领导者。”“他是一位思想领导者。”“我们是××领域的行业领导者。”领导力并不是一个物品，你不可能从网上买到，我们把它看作是公司中的一种头衔或职位的象征。然而，如果我们说：“我为领导者琼斯工作。”这句话就显得非常不妥。它不是某种事物，而是我们用来描述某人或某事的一种特性。

我们对领导力的认知

“领导者”一词最基本、最普遍的用法是将某人与其追随者进行区分，但我不是这样用这个词的。为什么这个人被指定为领导，那个人被指定为追随者？这是由他们在一个公司或一个特定的社会结构中所扮演的角色决定的吗？

想想你所在的团队。为了实现目标，每个人都要根据情况成为一个领导者或追随者。在团队中，以及在其他协作环境中，我们需要技能和心态两者兼备，有时需要同时具备。传统的公司层级结构假定只有一位领导者，那么负责管理其他人的那个人就是领导者，其他人都是追随者。从20世纪的观点来看，领导力就是指自上而下委派工作。传统的领导力观念正在迅速消失，经营公司的复杂程度和快速变化的情况，决定了没有哪个人能拥有作为唯一领导者的所有知识或专长。领导力的观念正在快速转变，从一个人被指派履行公司职责的角色转变为所有员工在各自岗位来发挥职能。现在，领导力是以公司中每位员工能表现出来的品质与创造力为标志的。

关于我们如何将领导视为一种公司职位，有一个简单的解释，我们的看法是建立在组织结构的基础上的。随着现代工业企业的出现，人们的角色发生了变化，在过去，他们可能是店主、农民、教师或办公室的职员。工厂装配线的出现意味着工作被进行分配、管理和重复，由此一个由中等收入人群组成的新经济阶层出现了。人们只有在工作时的休息期间或下班后才能接触社会，这是社会运行方式的一次巨大变革。如今，一个新的转型正在发生，从大型流水线生产转变为全球规模的定制制造。

我在一家纺织公司的改革项目中看见了这种转变。制作袜子的十七步工艺流程没有建立关联，每一环节都是孤立存在的，与前后流程脱钩。每个环节的工作人员都只接受该环节的专门培训，他们每天的工作就是在八小时内完成分配的任务。没有交叉培训，也没有整合过程以产生效率和实现增长。这里面没有考虑库存控制，每一个环节都随意定量。我们的项目的目的是整合这个过程。其结果是，在整个流程中制作一双男士袜子的时间从六周缩短到了六天。

在几千年的社会发展中，我们看到的角色关系就是老板与工人、领导者与追随者，我们的工作就是听从领导者发号施令。现在这种情况正在发生转变，在未来，公司将发展成为拥有众多领导者的公司，因为目前变革的复杂性和规模要求更多员工对企业经营的结果承担更大的责任。

员工是普通人，他们的本性是具有创造性和社会性的。当公司领导者开始意识到这一点时，他们开始强调追随力也是领导力的一个组成部分，这样就在理解公司中员工的价值方面向前迈出了积极的一步。然而，即使从这个角度来看，领导者仍然被定义为现代公司结构中的一个职位。事实上，员工在层级结构中的位置决定了其对公司的价值。

我们仍然受到层级模式文化的支配，它影响着我们如何看待整个世界，这是一种难以改变的观念。这就是为什么当我问到“你是领导者吗”，许多人都做出消极回应。

领导力的起点

所有领导力都始于个人的主动性。这是个人选择的行为，有人选择去做，有人选择不去做，选择会带来改变但这不是指任何改变，而是指有意义和有目的的改变。

领导力向每个人开放，对于每个人都一视同仁。要想获得领导力，就要发挥个人主动性去实施变革，这是影响力循环模型定义中领导者的唯一依据。所有的领导力都始于个人主动性，引领变革，创造影响力，这就是领导者应具备的全部条件。

以前我们理解领导力的方法比较复杂。作为一个追随者，我们对领导者的意图和公司环境的理解十分有限。我们没有与领导者建立一种直接和亲密的关系，恐惧、怀疑和缺乏信任是我们与领导交流的常态，而现在这种方式正在转变。

影响力循环的领导力就简单得多。但会不会太简单了？我可不这么认为，它非常实用。你只需决定哪件事情非常重要，然后采取行动来改变现状即可。

想象一下你是如何度过每一天的。从早上起来，就开始忙于工作、与家人和朋友欢聚，然后到晚上休息。你能看到自己生命的每一刻都因为有影响力的、有目的的行为而充满机会吗？当你发现了解决客户困境的方案时，给客户打电话，客户感到非常意外也非常感激，因为你为他们带来了改变。当你问助手：“告诉我，你可以采用哪种方式更容易地完成这项任务？”他脸上的表情告诉你，你已消除了对于项目不能按时和超出预算的恐惧情绪。当你决定把团队会议交给团队来设计和执行的时候，你会看到全新的景象，会议的主导者已不再是你，而是团队其他成员。能看到自己的生活有什么变化吗？想象每一天都是这样的。更重要的是，你能想象你的团队和家人会以这种心态行动吗？

事实上，任何人都可以成为领导者

发挥领导主动性并不意味着每个人都要成为首席执行官。相反，它意味着每个人都应成为具有影响力的高级贡献者。领导力不是职位或头衔，而是关乎我们如何在我们的生活中发挥作用。它不仅限于工作，它涉及我们生活的方方面面。

第一次看到这个原则起作用是在我工作的学院，我当时是学院的牧师和领导力项目主任。我们和校园里其他为学生提供课外服务的办公室共同合作，努力了解学生们的实际情况。在某一学期，我们进行了一项调查，以期发现哪些工作人员与学生的一对一接触最多。不是教员，也不是体育教练，甚至不是学生事务工作人员，而是学生宿舍的清洁人员。这些默默无闻的大学社区成员每天都与学生们互动，他们处于一个独特的位置，可以看到学生生活的点滴细节。因此，我们邀请他们加入我们的团队，我们定期与他们见面，让他们谈谈所见所闻以及如何为学生提供帮助。

当我问他们是否为领导者但被拒绝承认时，我又追问他们做了哪些事情来改变他人的生活和所在社区。他们讲述了有关他们服务的场所，帮助的人，以及为社区所做的贡献的故事。他们不想成为老板，也不想承担首席执行官的责任，但他们仍在发挥领导者的作用。他们做出决定，采取了行动，以改变现状。

他们通过各种途径发挥领导力。他们在社区委员会任职；为低收入家庭建造仁爱家园；担任青年运动队的教练；为蛰居家中的老年人提供餐食；谱曲，在合唱团唱歌，在社区剧场演出；成为画家、珠宝设计师和诗歌作家；竞选公职；辅导贫困儿童学习阅读和数学；等等。对很多人来说，作为领导者，他们真正的贡献发生在工作之外。因此，他们一直默默无闻，除了那些因领导行动改变了他们的生活的人之外。

许多员工在工作中贡献领导力。他们在公司的工作小组中工作，帮助同事按期完成任务，并为文书人员加油鼓励；解决问题，跨部门协作；通过学习继续教育课程提高自己的知识和技能；创新方法来改进那些效率低下的流程；倾听并援助那些家庭遭遇困境的同事；分享想法来帮助他人；作为高效的团队成员做出贡献。领导力正在发挥作用，它不是某种职位的功能，而是一个人素质的体现。

每一项活动都始于个人决定做某事而不是无所作为，采取行动是因为他们想在此时此地有所作为。领导力是一个人价值观的积极体现，我们通过他们的行为了解到其为人。他们之所以是领导者，是因为用行动去完成了他们认为最重要的事情。消极被动不是领导力的素质，而主动行动才是。领导者通过其行动来领导，即使不采取任何行动也是如此。作为领导者，需要思考为什么采取这一行动对个人来说是重要的。

发挥个人主动性的原因

发挥个人主动性是有原因的。真正的领导力源于个人，它源于我们的内心，源于对实现个人价值的渴望，对幸福健康关系的渴望，以及对实施重要变革的渴望。个人主动性可能是一种小小的善举，比如为双手抱满包裹的人打开一扇门；也可能是一件大事，比如成立一个卫生组织致力于预防发展中国家的热带疾病发生。衡量领导力的标准是由我们实施变革所产生的影响力来界定的。

在个人主动行动中，我们看到对于个人目的的陈述。通过观察人们的行为，我们可以更好地理解他们。当他们的言行一致时，我们就对这个人有了更完整的认识。有目的的行为让我们了解了一个人的价值观。

例如，办公室接待员玛格丽特每周都为接待处带来鲜花，之所以这样做是因为她认为这很重要。她认为，如果有人路过这里时能闻到醉人的花香，他们的一天就会变得充满阳光。这是一种小小的行动，却带来了巨大的改变。在商业世界里，每一天都有很多微小的行动能实现变革。领导力就是这样从个人的主动性中诞生出来的。

这种行为可能代表了一个人的态度和行为，以至没有人认为这是一种领导力。他们说：“只有玛格丽特才会那样做。”如果玛格丽特退休或因病缺勤几周，人们看不到每周放在那里的鲜花，这才会注意到她的缺席。这些小小的领导行为往往被认为是理所当然的，事实上，我们应该充满感激地主动认可这些影响力行为。

领导力是我们价值观和目标的个人表达，同时也是一个社会问题。玛格丽特这样做是因为希望每周都能给办公室带来美丽，她这样做是为了表达自己想要改变现状的愿望。我们十分感谢这种行为，但其影响力的衡量尺度仍存在变化的问题。

玛格丽特将美丽带入办公室，让来访的客人感受生活的美好。但是，如果其他人也开始做一些改变办公室氛围的事情，她的行为就更容易被看作一种领导行为。衡量领导力的标准不是行为本身，而是其产生的影响力。玛格丽特的行为就是我所说的“从小事做起，逐步发展”，每周带花是一个小小的举动，但它给办公室带来了改变。但是，如果她的主动行动没有成为社会共享的行动，那么就不会长久持续。如果这只是玛格丽特的个人行为，那么一旦她不再受雇于公司，她对公司的影响力行为将随之消失。然而，如果其他员工看到玛格丽特每周带给办公室善意礼物的行为时也能采取行动来改善办公室的环境，那么她的小小领导行为就驱使他人加入她的领导力行动，玛格丽特为其他员工树立的榜样就是她希望改变现状。因此，办公室工作人员开始主动改进他们的工作方式，让客户感受到这里是一个舒适的办公场所。在这方面，玛格丽特激发了领导主动性。

影响力循环的领导力既是个人的，也是社会的，因为只有通过社会才能实现可持续的影响力。若没有社会影响力，那么个人影响力只能服务自己；若没有个人影响力，那么社会影响力就会错失创造重要变革的更大机会。

领导力的真正转变

自从第一个人类社会形成以来，人们就一直在采取主动行动实施重要变革。我们通过提供服务和分担工作来共同生活，这是人类共同生活的方式。我想表达的意思是，领导力源于个人主动性，它来自人们发自内心想要让世界变得更好的美好愿望。

领导力的真正转变是对其在公司地位的认知的改变。在过去四十年里，数字技术的出现改变了公司的工作方式，技术创新以特定的方式对我们个人产生了影响。

现在我们每个人都能接触到比以往任何时候都广泛的知识。比如，使用我们的智能手机随便输入一个词语，很快就能查找到相关信息。而在不到两代人以前，我们只能从大学的大型研究中心才能查到这种信息。将所有这些新知识转化为改变世界的影响力具有无限可能，只需要我们拥有实施变革的渴望和努力工作的愿望就能实现。但这并不意味着每个人都会以同样的方式取得成功。而今，任何人都可以利用工具和信息来创造影响力。

这一技术变革也意味着，曾经阻碍我们实施变革的障碍正在逐渐消失。网络是一种新兴的组织结构，在这种结构中，我们彼此之间的关系比以往任何时候都更加重要。现在我们已成为一个快速发展、重视社交的社会的一部分，使用同样的智能手机，通过社交媒体，一个办公室职员可以联系到另一个远隔千里的人，咨询问题或寻求合作机会。以上不再是数字时代的未来愿景，这些早已成为现实。

这种领导力的转型也是一种社会转型。只要我们努力去做，就可以利用技术来提升我们的沟通效率。无论我们是谁，住在哪里，我们都能与他人开展合作。从社会意义上来说，这意味着领导力的环境正在发生变化，它正在从一个由工作性质所确定的职位转变为一个我们与他人合作时发挥个人主动性的角色，传统组织结构的局限性正日趋凸显。因此，未来将以社交为中心，我们的关系网将不断扩大，为产生影响力创造新的机会。

这种对于领导力的新理解正处于萌芽阶段。变革的第一个阶段是我们的自我认知，我们必须看到，为产生影响力而采取的行动是领导力行动。第二个阶段是领导主动性发生在我们与每天接触的人们关系中，比如我们的家人、同事和当地社区居民。当我们学会在这个新的领导力世界中生存时，影响力就慢慢从地方拓展到全球范围。有两个原则指导着这一转型，以确保其简单和实用。一个原则是：从小事做起，逐步发展。此外，通过与其他人分享我们的领导影响力的故事，使他们受到启发和引导，从而实现我们的另一原则：立足本地，走向世界。这些标志着当今领导力的性质正在发生变化。

第 4 章问题
转型期中的领导力

1. 你是否经历过那样一种时刻，当发挥个人主动性创造影响力时，你对随之引起的巨大变革感到惊讶不已？为什么会感到惊讶？
2. 你是否知道自己正处于转型期？领导力的三个维度中，你觉得哪一个维度转变最大？
3. 你是领导者吗？
4. 你是不是一个积极主动去改变现状的人？你渴望成为一个有影响力的人吗？你想从哪里开始？

第 5 章 个人变化
——从转型到转变

我从来没有想过自己要成为一个研究变革的专家。然而，在我生命中的每一个转折点，我都从经历的变化中获得了一些有益的启示。当遭遇失败或蒙受损失而使我的人生面临巨变时，我发现这种变化就像是发生在一个大房子里，当跨过一个门槛进入一个新房间时，变化就来到了我们面前。房间就好像是我们的全部人生，每个房间都代表着人生的某个阶段，尽管每个房间都彼此不同，但它们都代表着自己的人生。

在撰写本书之前，来到的这个人生新房间对我来说是艰难而绝望的。当时，由于全球经济衰退，我被迫停止了咨询业务。当被我所领导的非营利组织解雇后，这个组织也倒闭了，而在此期间，我三十年的婚姻也走到了尽头。我还记得，当搬出住所的那一刻，我在想："一切都完了。"而当开车离去的时候，我内心深处的某个地方忽然有个声音响起："我必须开始做一些事情。”

我知道你们中的许多人在生活中都经历过类似的艰难转折。当带着遗憾、悲伤和愧疚的心情回首往事时，你可能会觉得生活带来的只有无尽的挫败感，沉浸在愤怒和苦涩中不能自拔，因为你渴望的生活遥遥无期。有一句老话叫“祸不单行”，其实，我们发现这句话并不正确。

这些变化时刻告诉我们，生活是由一系列转型组成的。有些变化是前进的标志，而另一些变化则让我们认识到，我们本以为会在一生中保持不变的条件现在却发生了改变。

我们所经历的转型期提供了一种理解生活中各种变化的方式。我们呱呱坠地；我们走入学堂，从一个年级过渡到下一个年级；我们走入职场，学习新的技能，承担新的责任，还可能从一家公司跳槽到另一家公司；我们结婚生子，然后子女长大成人、结婚生子。当下一代新的生命周期开始时，我们退休了。

在这条充满变化的道路中有很多转折点，它们是帮助我们理解生活意义的里程碑。有些变化是令人愉快的，比如孩子的出生，或者从事了梦想的工作；也有一些变化前途未卜、让人心烦，扰乱了我们的生活。

逃避改变并不能改善我们的生活，反而会限制我们的人生。如果抵制变革，我们将看不到我们改变世界的潜能。影响力循环就是用于理解员工及其公司经历转型期时所发生改变的模型。如果你现在正处于生活或工作的转型期，那么它可以为你指明人生方向。本书的目的之一是让人们了解到，改变是一种转型，只要目标明确并且积极主动，它就能实现彻底转变。

人生的转型不是一系列瞬间，也不像相册里让我们留恋的照片。人生更像是一部长长的纪录片，每一集都是我们人生发生改变和转变的一个故事。如果在故事的结尾，我们并没有什么作为，或者变得更好，那么我们就错过了一些东西。

我们应当把生活看作一部电影，而不是一个个孤立的图片，这样才能够看到即使在变化中也存在的连续性。

在我所谓的“失意阶段”中，既有快乐的时光，也有悲伤的回忆。它们让我明白，生活并不是由掌管企业或缔结婚姻等外在因素所决定的。正是我的价值观表达了我想成为一个有影响力的人的愿望，从而引导了我的自我认知。即使在最低谷的时候，我也会遇到一些好事。多年以后，回首往事，发现那些艰难感伤的日子让我明白了在生活中真正需要什么和不需要什么，这些转折时刻让我抛弃了那种享受快乐无忧生活的幻想。

我们的人生像一部长长的电影，也像一个漫长而壮阔的故事。每个篇章都有自己的故事，我们是故事的主角，故事展现了我们在面临变革时的所作所为，它展现了一生中通过创造影响力实现转变的图景。

如果看不到我们人生的那个漫长宏大的故事，影响力循环可以引导我们去创造它。我们遇到的每一种情况都构成了它自己影响力循环的故事。我们会经历涉及需求、问题、机会和冲突的故事，其中，我们个人的主动性是这些故事的戏剧架构，并影响故事的高潮。有我们的价值观作为基础，我们的人生故事就具有了超越行动时刻的意义，这些故事形成了我们的遗产。

我们故事中的人物呈现的是我们性格所表现出来的东西，当我们发挥个人主动性带来重要改变时，人们就会看到这点，比如与他们互动，与他们一起工作，与他们发生冲突，一起解决问题，或者一起开始伟大的冒险。故事中呈现出的东西是我们人生故事的核心部分，我们的家人和朋友能看到最真实的我们。有时他们会欢呼，但有时他们也会哭泣，因为我们没有表现出真实的自我。有些人是我们的合作者或教练，而有些人则可能是我们工作中的敌人，或者是帮助我们发展业务的投资者。如何处理这些关系对我们人生故事的结局至关重要。每一章都是一个探索发现、应对挑战、克服困难和获取成功的故事，每一个故事都为我们提供了全新的机会，让我们成为真实的自我。

为了让我们的人生与领导力的三个维度保持协同，我们应积极寻求能够发挥潜能的解决方案或资源。领导力的影响力循环模型为我们提供了这种通用指南，帮助我们创造今天的故事。

如果我们能把变革看作是转型，就能把我们的生活看作一个整体，而不是许多瞬间的组合。每一个故事都为我们提供了一个经验教训，让我们在其他时间和其他故事中借鉴。我们的生活是充满意义的，变化不是敌人，它只是我们人生的某些境遇。

只要我们清楚自己正处于转型之中，就能发现我们所经历的变化正在将过去的自己转变为理想的自己。这是我的经验。

认识到员工正处于转型中

我们通过别人的范例学会如何度过人生转型期。本书的所有故事都在讲述人们如何将变化视为转机，在每个故事中，个人或其团队都必须做出改变的决定。他们并没有觉得这种变化只不过是他们生活中发生的一些事情；相反，他们逐渐认识到，这种变化要求他们彻底改变对自我认知和生活意义的理解。

下面是三个不同背景下发生变革的故事。在每个故事中，影响力循环的几个层面为我们理解如何跨越变革的门槛提供了途径。

弗雷德的故事

当弗雷德工作了四十年的公司突然倒闭时，他发现自己失去了一个成功的全国销售职位。他开始在同行业中寻找一份类似的工作，在那里他可以继续完成自己最后的职业生涯。有一天，在喝咖啡的时候，他和我分享了他的情况。

和其他面临事业转折点的专业人士一样，弗雷德从未想过他会在仅差三年就退休的时候失业。在我们谈话的时候，他已经用了一年的时间用他的退休储蓄金去寻找一份类似的新工作。

当我们面临事业转折点时，影响力循环模型可以帮助我们。第一步，不要着急找工作。相反，我们应该先问问自己：“我在整个职业生涯中创造了怎样的影响力？”这种对过往的认知可以明白我们的影响力是如何随着时间的推移而增长的。以这个故事为基础，我们就可以去和未来的雇主说：“这就是我想要给贵公司创造的影响力。”仅在喝一杯咖啡的时间内，我们就以这种方法把弗雷德的销售能力介绍给了未来雇主。

你的情况是否也如此？第二步就是，创作一个展示你才能、经验和人脉的故事，让雇主看到你的价值。弗雷德证明了他有能力和影响力，而不是他想要找一份工作。几个星期后，弗雷德在同一行业找到了一份新工作，他一直从事那份工作直至退休。他完成了职业生涯的一次转型。

西蒙的故事

西蒙是一家全球性制造公司的生产经理。他刚回到家就听说他的公司准备在另一个国家建造和经营一个新的制造工厂，并且希望他和他的家人搬过去。这对西蒙来说是一次巨大机会，而对他的家庭来说，则是更大的转折。三年后，随着工厂的建成和运行，西蒙再次被他的公司要求负责另一个重要的项目，他和家人收拾好行囊，准备回到美国再找一份新的工作。

价值观是家庭和公司需要的信任文化的基础。西蒙和他的家人适应这种变化，因为他们的价值观能让他们清楚地看到该如何面对将要经历的这种转型。当西蒙接受新的工作挑战时，他和家庭成员所经历的这种转型让他们开始了冒险和探索的旅程，让他们的家庭生活变得更加坚强和富有活力。

影响力循环模型基于一种信念，即价值观是我们生活和工作的基石。明确我们的信念，我们就会对自我认知和目标有更加清晰的认识。

马特的故事

马特是当地一家餐馆的服务员，我是那里的常客。我和那里所有的员工都很熟，我们的谈话经常涉及我们所经历的转型。有一天，当我下午三点用餐时，马特和我很自然地开始谈论起改变。

我住在一个充满年轻人的小镇，这些年轻人都喜欢滑雪、骑自行车、爬山和钓鱼。马特比他的大多数同事都年长一点，我问他人生的目标是什么。他告诉我他想获得一个医学学位和研究博士学位，准备将来从事医学研究。结果他遇到了一个大麻烦，他因酒后驾驶而被逮捕，被所有学校拒之门外。

我们很多人都跟马特一样，做出的选择阻碍了我们人生未来可能实现的改变，马特所犯的这个错误阻碍了他实现成为医学界重要人物的美好愿望。改变不会成为障碍，无法改变才会成为障碍。

影响力循环的一个核心原则是，我们所有的情况都发生在理念、关系和公司结构这三个维度的交汇处。当三个维度未实现协同时，我们就无法通过一个或几个维度来实现我们的目标。正如我们所见，马特的问题是一个结构性的问题。每所学校的申请程序中都有根据警方的定罪记录来拒绝申请者的环节。由于这种评审制度，他被拒绝了。他被拒绝录取并不是因为他能力不够，而是由于他的不良记录。

马特和我谈话时，我在餐巾纸上画出了影响力循环图。我说：“某一维度问题的解决方案总是源于另外两个维度，我们首先要确定你现在遇到的是哪种问题。”

要解决医学院申请的问题，马特需要改变医学院对他的看法。为了改变这种看法，他需要和医学院中有录取决定权的人建立关系。马特来到医学院说：“请不要用我的一个错误来定义我的全部，请你们看看我的其他档案资料，我非常渴望成为贵校学生。”

两个月后，我来到餐厅，遇到了马特。马特热泪盈眶地冲过来，给了我一个大大的拥抱，然后他告诉我他已经被医学院录取了，马特的故事成了全镇的热门话题。几个星期以来，人们都来问我是不是我帮马特进了学校。我承认了，人们都向我表示深深感谢。

马特的故事不仅是有关他所经历的一次转折，更是他对自我认知的彻底转变，因此他才能以一种新的方式跟医学院沟通。无论你的生活遭遇何种悲惨或不幸，都不意味着你的人生已经山穷水尽。影响力循环模型可以帮助你克服任何障碍并实施重要变革。

人生的转折点

这三个处于转折点的人的故事虽然特殊，但并非个例。当我们把所经历的变化看作是一系列转型中的一部分时，就会发现我们的生活中有一个更大的故事。首先要认识到有些变化是正常的，而且是无法察觉的。虽然其他变化引起了我们的注意，但是我们可能不会把它们看作是人生的转折。清楚意识到当前所处的环境对于成功探索我们要进入的下一个“房间”十分重要。

我发现人们最初是从情感上体验变化，他们会对某事感到不安。一天下午，我写下了我从客户那里听到的最常见的十二个转折点，这些是我们能经历的一些比较显著的转折点。

这十二个转折点代表了我们人生中正在发生的变化时刻。

当我开始与人们分享这些转折点时，我猜想他们会从中选择一个，但实际上他们并没有那样做。许多人挑了其中的两个或三个，甚至挑选了他们正在经历的五个转折点，许多人都觉得他们正在迷失自我。

他们在面临抉择时犹豫不决，这种强烈的变化让人感到迷

十二个转折点

1. 我们发现过去很容易做的事情现在变得很难。
2. 我们发现绩效停滞不前，既没有变好，也没有变差。
3. 我们的近况不佳，因为生活和工作都在走下坡路。
4. 我们失业了，不得不考虑下一步要做什么。
5. 我们对目前的生活和工作感到并不快乐。
6. 我们厌倦了一遍又一遍地做同样的事情。
7. 我们不知道如何在工作中利用时间。
8. 我们的关系不健康。
9. 我们面临人生的抉择，感到迷茫无助。
10. 我们毫无准备地被推举为领导。
11. 我们正在进入人生的新阶段。
12. 我们对生活和工作的目的感到茫然。

茫。目睹这一切后，我意识到改变远比我以前想象的要复杂得多。

其中一些转折点已经悄然而至，我们也许认为事情本就这个样子。我们调整状态并继续工作，接受它作为新的常态。然而，如果退后一步，从更宏观的角度来观察，就会发现，我们的境况正在发生真正的转变。

当这种情况发生时，影响力循环提供了一个有用的参考点来帮助我们理解正在发生的这种变化。让我们回头再看看第1章中威廉的故事，他的转折点是第九条：

我们需要做出人生的抉择，而一切都前途未卜。从影响力循环的角度来看，促使威廉和他妻子做出决定的价值观是他们对孩子、父母和祖父母组成的这个大家庭的责任。威廉的工作本身变成了次要考虑事项，其结果对威廉来说，关系维度成为变化的焦点。随着他决定离开公司，不将家人迁往海外，引发了两种不同的变化：第一，他的自我认知由一个在公司工作了二十年的长期雇员转变为一个独立的求职者；第二，他的职业结构从原公司转到一个新公司。这两个决定都是他将家庭利益置于事业利益之上的选择。

另一些经历过类似转折的人也会发现，他们的优先考虑事项从自己的职业转移到了配偶的事业上。这些非常个人化的转变所需要的适应力是通过一套清晰的价值观来建立的，这些价值观影响着我们对于自己的生活和经历转型的看法。

我们能否顺利度过这些转型期，很大程度上取决于自我认知能力。因此，需要明确我们的信念和我们追求影响力的目的。当弗雷德的公司倒闭时，他失业了，离退休还有三年，这种糟糕的变化影响了他对未来的信心。由于组织结构的问题，他在寻找新工作时屡屡碰壁。相反，他需要改变自我认知。他不仅是一个快要退休的推销员，更是一个能为新公司带来宝贵财富的人。当在彻底转变自我认知以后，他顺利地找到了一份新工作，可以一直干到退休。

当改变进入我们的生活时，我们就可以接受这些转折点，将其视为一种积极的信号，表明只要我们跨越变革的门槛后，就会发现新的机会，这是从我的那段“落魄岁月”中总结出来的。我发现世界末日并未到来；相反，我发现自己已经从一个全新的角度自由地看待生活。改变了自我认知，跨过了一个变革的门槛。对我来说，这意味着跨出美国，重新开始建立新关系，重新专注于更符合我渴求获得影响力的工作。

当我们推开变革之门后，将看到一个充满无限潜能的未来。没有什么是一成不变或盖棺论定的，我们必须接受改变，以实现变革。

发现我们的潜力

关于改变，有一种普遍认同的观点：人们一般不会主动改变，除非因循守旧的痛苦超过其改变的痛苦。在某些情况下可能是这样，但这并不是我所认为的抵制变革的更深层次原因。

人们很难主动做出改变，缘于总认为自己处于固定状态。不改变的原因是他们认为自己无法改变，即使周围的世界在改变，他们也会一直这样。他们也许并不满意这种状况，只是找不到改变的方法。他们不知道如何以一种有意义的方式改变，也许这就是变革的痛苦。

我们的生活是否任由变化摆布？或者我们是变革的推动者？这是关于自我认知最重要的问题。当我把领导力定义为个人主动性所创造的影响力时，就是在说明——你、我以及每一个我们认识的人都可以成为变革的推动者。即使我们被十二个转折点中所述的某种变化所困扰，也可以选择去做一些事情来影响这种变化。

我深信，只要我们选择变革，就有无穷的能力进行改变。在与人们的谈话中，让我听不下去的一个问题就是：为什么要改变？

其原因很简单。每个人的内心都有欲望，这些欲望驱使我们改变自己的生活方式。每个人都希望自己的人生更有意义，也希望拥有愉快和健康的人际关系。我们都想让自己的人生能够创造不凡。

每个人都有很多潜力尚未被发掘出来。我们不能把这些潜力封存起来，让它们随着时间的推移而耗尽。我们拥有着无限的潜能，但并不知道自己的潜在影响力到底有多大，我们所能做的最好的事情就是尽力去完成它。

因为相信无穷潜力可以创造巨大的影响力，所以我们从一开始就不应该抗拒变革。创造影响力就是创造变革，为了实现这一点，需要清楚我们是谁，哪些事情对我们重要，以及我们想要创造怎样的影响力。

如果能认识到我们的生活时刻都处于转型中，那么我们就能发现生活具有无限潜力来创造影响力。我们的生活不能毫无意义，比如，机械地按照日程表参加各种活动；相反，我们的生活需要目标。在实现这一目标的过程中，我们的内在潜力就会被逐渐挖掘出来。

拿一张标明你居住地区的地图，展开一次，你可以看到地图的一小部分。如果这就是我们所看到的全部，可能会认为这就是我们居住的地方的全部地理信息。随着地图不断展开，我们就能看到更大的地图范围。每展开一次，地图范围就会扩大一些。我们的生活也要像这样去改变，不断探索自己的潜能。随着我们的影响力不断扩展，就能发现自己更大的潜力。

请你问问自己："到人生目前的这个阶段，我的潜力有多大比例已经被发挥出来了？"我知道很少有人能回答这个问题。然而，它让我们意识到，潜力在发挥过程中会遇到限制因素。

再看十二个转折点，每一个转折时刻都代表着一个时间点。在那个时间点中会发生一些事情，将一个人从过去的地方带到未来要去的地方，这是我在度过了人生转型期并取得了一定成就后的自我感悟。最重要的是，我知道我的经历可能会影响我的未来。现在我已经认识到，希望你们也同样能认识到，我们的潜力是无止境的，只是受到了我们对于自己所能创造影响力的想象和信念的限制。

在任何时候，我们都无法从目前所处的位置了解到自己的全部潜力，只能通过回顾往事去真正了解。回首往事，我们可以问自己："在过去这些年中，我在工作中的表现是不是变得更好了？"这样就会更直观地看清我们的潜力。如果我们只向后看，就无法认清我们的影响力。同样，如果我们只向前看，便无法完全看到我们的潜力。我们的视角往往是不完整的，因此，只有我们明确了自己的价值观和影响力的目的，才能脚踏实地地去发现我们创造的影响力。

个人转变

当选择把生活中的变化视为一种转型时，我们就接受了改变具有个人属性这一事实。这不是偶然发生在我们身上的事，它具有个人属性，它要求我们根据自我认知来采取行动。事实上，如果我们观察那些真正事业有成、地位显赫的人物，就会发现，他们一生的影响力是建立在主动的个人改变之上的，他们在转型时刻强化了他们对自己和他们想要过的生活的认知。对他们来说，生活从未停滞不前，而是动态的、变化的、发展的，并且不断赋予新的意义。这些变化不是一次完成的，而是随着时间的推移逐步完成的。

如果这不是你的故事，如果你不确定在生活中如何做出正确的改变，请再看看十二个转折点的列表，可能其中几条就符合你的情况。比如，当你想主动采取一些行动，迈入新生活的门槛时，可能会感到不知所措。

也许你会感觉自己根本不知道如何改变，你会感觉改变是如此复杂和具有决定性，一旦迈出改变的一步就没有回头路可走。很多人都是这样，明明知道自己被困在一些糟糕的关系或工作中，然而，却在毫无信心的时候走过那扇变革之门，成为一个全新的人。你会想：也许我不会喜欢将来变成的那个人。也许你会的。如果你不前进就不可能知道自己到底喜不喜欢将来变成的那个人。

在转型期间犹豫不决，可能会让我们做出一些损害我们价值观的决定，而这些决定会进一步削弱我们的信心。我们感到尴尬或羞辱，或者对自己需要做出的决定感到迷茫或孤独。改变具有个人主观性，这是我们随时都能遇到的转型。你可以决定做一件小事来改变你的生活，尝试去做一些能消除怀疑或恐惧的事情。比如，你选择读我的书已经迈出了一步。现在，请你继续前行，决定做一些符合你的价值观的事情。从小事做起，采取一些小的行动，你将有充足的时间成长和改变世界。

第 5 章问题
个人变化——从转型到转变

1. 回顾过去的一年，如果可以改变某些事物来实施变革，你会怎样去做？
2. 你想要实现什么愿望？如果真的达到了这个目标，你的人生会有何不同？
3. 回看这十二个转折点，哪一个最能说明你所处的转型期？看到你前面的那扇门了吗？你人生中的那个“隔壁房间”是什么样子的？你准备好跨过门槛了吗？在下面的空白处，写上今天的日期，以及你打算做出的改变，并设定一个你准备迈入你人生“隔壁房间”的日期。

第6章 转型期中的公司

几个世纪以来，组织领导力一直被理解为领导者和追随者之间的关系。领导者位于组织层级的顶端，通过计划、授权和影响来领导组织的追随者。正是这种领导结构引导现代组织度过了20世纪的全球变革。

当我们经历戏剧性的变化时，无论这种变化是个人的还是组织的，隐藏的弱点都会显现出来。我们是在个人层面上感受到这一点的，恐惧和不安全感与日俱增，感到我们的组织已经崩溃，生计正处于危险之中。

现在，人们在全球范围内都能感受到这种变化。打开电视，我们看到曾经信任的领导者的缺点和失败暴露无遗。问题被赋予某些色彩，被划分了界限。人们加入了不同的阵营，为未来而拼杀。经历了所有这些，对于正在蓬勃发展的世界来说，领导者似乎变得微不足道。随着领导者的减少，人们开始意识到，我们的组织和机构可能无法为社会提供足够的力量与安全以引领这场面向未来的转变。

我们正处在人类历史的一个转折点上。组织结构的方式正在经历一场变革。数字技术的进步促成了两条并行的发展线：一条是熟练劳动的自动化；另一条是我们可用的计算能力，现在的我们掌握了上一代人未曾见过的计算能力。人类历史上的这一变化既在全球范围内发生，也在个人身上发生。结果是，我们对于组织领导力是关于领导者和追随者的认知也发生了转变。

两股全球性变革力量

在这场变革中，有两股全球力量在起作用，它们彼此相互推拉。第一股力量将全球机构，特别是财务和管理机构集中到一个一体化的运作系统中，这是20世纪层级组织的顶峰，在这种组织中，集中控制计划和管理效率是首要的组织原则。

第二股力量则通过关系网络推回，这种关系网络以分散的方式分配决策和管理。全球合作通过个人网络不断扩大规模和加速传播，正在解决发展中国家的问题，而这在以前是人们不可能做到的。这种协作进化创造了一个我们既是领导者又是跟随者的环境。我们可以想象，来自五湖四海的人们通过网络建立联系，共享各自的解决方案和新想法，并创造变革，而不是固守在一个等级森严的金字塔中。

在某些情况下，这两种力量是相互对立的，层级结构和个人自由往往不能很好地结合在一起。然而，两种力量都需要另一种力量。

图6-1说明了传统的层级结构和全球关系网络的新兴世界之间的差异，它们不是两极对立的，是互补的结构，涉及组织运行的各个方面。层级结构代表了一个组织的传统结构；关系网络代表了商业的社交结构。我们把层级结构和关系网络称为公司的文化，或者说是工作中的人的因素，它是组织的关系情境。

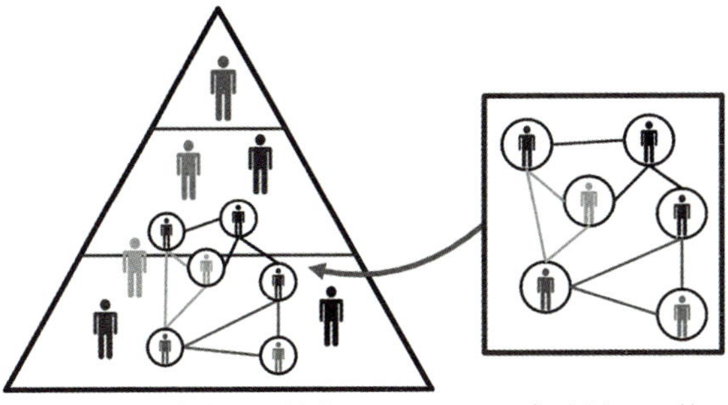

图 6-1 两种组织结构

如图6-1所示，层级结构中的领导力是由一个人在组织中的角色来建立的，组织活动侧重其机构完整性。在关系网络结构中，领导力基于社会信任，以及个人的具体知识和经验与当前情况的相关性。网络的重点是关系对于集合网络的目的的影响。

从影响力循环的角度来看，在一个层级业务中，理念维度和关系维度都服务于结构维度。组织结构是主导维度，理念和关系则是次要的，甚至是外围的。

在关系网络结构中，这三个维度是协同的，以形成网络的影响力，影响力就是变革。一个网络协同的组织寻求的变革是什么？理念、关系和结构的影响力是什么？

这个问题是关于结构影响力的问题，这种影响力可将网络从层级组织中分离出来。以任何垂直整合的业务为例，请问其结构的预期影响力是什么？是为了产生效率，还是为股东带来最大的利益？以任何类型的组织结构为例，请问其结构设计将产生什么影响？据我所知，极少有人能回答这个问题。根据我四十年的企业工作经验，当我们找不到这类问题的答案时，就标志着组织目标及其设计正在向下一个时代转型。

关于这种组织转型的重要性，我已在前两章中进行了阐述。领导力正在从组织结构的一种功能转变为员工的品质与业绩的一种体现，这意味着组织在未来将转型成为一个富有领导力的结构。我的意思是，即使是一个层级结构也能创造一种领导力文化，在这种文化中，每个成员都可以自由发挥自己的个人主动性，以产生重要的影响力。

组织变革的实践

基于这一观点，任何类型的组织都有可能实现影响力循环的协同。那么，一个组织是以怎样的方式实践变革，使其理念、员工和业务结构实现协同，以产生影响力的？首先，它必须认识到自身正处于转型期，然后以此为基础实施变革，使公司各方面实现协同，进而产生影响力。

下面我们来看三个现实生活中的案例。在这几种情况中，组织结构未实现协同，而且极不清晰，每一个故事都代表着影响力循环的三个维度中的某个问题。要实现组织的协同，需要两个认知步骤：第一步，确定三个维度中哪一个维度代表着变革的关键需求；第二步，确定其他两个维度如何为这一关键需求提供资源和解决方案。影响力循环的解决原则是：不能从问题本身寻找解决方案，而是要从其他两个维度中寻找解决方案。

模糊的自我认知：萨拉的故事

萨拉是当地社区的一个非营利组织的项目经理，她深得人心，工作勤奋，给组织工作带来了全新活力。在她工作了六个月后，执行董事突然离职。董事会任命萨拉担任临时执行董事，同时他们开始寻找合适的对象。

这是萨拉第一次当组织的领导，她毫无准备，她想尽自己最大的努力不让董事会失望。问题是她是否真的为这个新角色做好了准备。

萨拉以充沛的精力和饱满的热情投入到临时董事的工作中。她的领导原则就是激发员工积极性，她与员工们分享新的想法，谈论她对他们的使命的愿景。为了显得果断，她会迅速做出一些独断决定，这让员工感到惊讶和不安。她随心所欲地行使管理者的职责，不参考当前运营计划就重新设定员工的职责。员工和志愿者开始公开批评萨拉，随着质疑的声音越来越多，萨拉开始感到心神不宁。董事会及时介入，为萨拉提供明确的指导，让她了解了临时董事的工作范围。

为什么会这样？这样一位前途光明的年轻高管的处境为何如此糟糕？目前，萨拉显然不具备成为一名高效的非营利组织高管必需的知识和经验。她在担任项目经理时的优异表现展现了她的潜力，但如果没有明确的指示和指导，她的领导生涯将走向失败。

另一个问题是，董事会在这个过渡时期未能起到很好的领导作用。前任董事在组织中任职的时间比董事会任何成员都要长，但他并未投入精力来培养董事会的领导能力。在这方面，董事会和萨拉都没有为组织转型做好充分的准备，而这种转型需要经验丰富的领导来管理。

影响力循环表明，董事会错误地将萨拉安排到一个她不可能胜任的职位。如果他们在挑选临时人选时就犯错，那么他们是否能够合理挑选新行政领导就成为一个严峻的问题。出现这种危机的真正根源是董事会缺乏成长，关键的问题就是一个效率低下的董事会搭配一个年纪尚轻、缺乏经验的高管，这是一个结构性问题。

对于这种情况，首先要从影响力循环的关系维度开始解决。董事会需要解决两个关键关系：一个是与员工的关系。他们是公司中的骨干力量，他们与公众接触，如果他们不开心，公众就会看到。重要的一点是，董事会要向员工保证，他们将以公司及主管项目的最佳利益行事。

董事会必须处理的另一个关系是与萨拉的关系。她之所以被选中，是因为成员们觉得她是全体员工中最适合担任执行董事的人选。董事会未能更清楚地界定她的工作范围，也未提供一名导师来协助她。员工们需要看到董事会给予萨拉支持，所有人密切合作，为迎接下一任执行董事做好充分准备。

董事会需要明确自己的职责。首先，要明确组织的使命、运营价值观和影响力目的。其次，董事会需要为像萨拉这样的新领导提供指导，这样在寻找新的执行董事时，董事会就能清楚了解工作范畴，以及他们想要何种类型的目标人选。

这个问题不是由萨拉或现任董事会造成的，而是源于前任执行董事。董事会的成员都是在他任职期间挑选出来的，以支持他执行董事的职位，而并未成为一个审议机构。由于董事会在领导力转型期的无能表现，前任执行董事留下的所有宝贵遗产现在都消失殆尽。

被割裂的社区：伦纳德的故事

伦纳德是一家消费品公司的新任首席执行官，该公司的发展在上一次经济萧条期间陷入停滞。董事会雇用伦纳德是因为他曾使一家处于类似境地的公司扭亏为盈。伦纳德成功的关键在于他有能力跨越部门界限、管理级别和薪酬等级来构建关系。伦纳德并不认为他无所不知，他来到新岗位的第一个星期，就有许多董事、经理、主管和社区领导接踵而至来拜访他，让他了解了公司事务。他认真倾听、问问题、做笔记，他开始看到一种模式。

丽莎是公司的企划和培训主管，和其他人一样，她与新老板进行了15分钟的第一次会谈。伦纳德问她，作为企划部主任，她遇到的最大问题是什么。她说："让每个人都达成共识。"伦纳德想知道更多细节，她回答说："这家公司执行终身聘任制。员工从始至终都在某个部门工作，永不离职。因为这家公司是养家糊口的理想之地，因此，员工们愿意牺牲晋升机会，继续留在公司从事一份他们熟悉并感到安全的工作。"

伦纳德问："这有什么问题吗？听起来我们有非常忠诚的员工，他们把公司的利益置于首位。"

丽莎回答说："通常情况下肯定是没问题的，但在过去二十年里，这些部门内部形成了一种特有的文化。他们按自己的方式制订计划，每年我都要把他们制订的计划转化为前首席执行官喜欢用的计划模式。坦率地说，在我看来，我们公司的发展停滞不前不能归咎于经济萧条，我们的主要竞争对手在这方面做得比我们好得多。"

影响力循环模型可以帮助伦纳德弄清的第一个问题是：他面临着什么样的问题？是理念问题、关系问题，还是结构问题？这个问题很可能涉及这三个维度。伦纳德应该从何处着手解决这个复杂的问题呢？

根据影响力循环模型，伦纳德选择不去解决被分割的管理结构的问题。相反，他决定将其视为关系问题来解决。伦纳德首先与他的高级领导团队会面，让他们知道他将在任期的前六个月里了解公司，为新的产品线计划做准备。当他与员工会谈时，他会花费大量时间来咨询员工对于公司事务的意见。最初，这并未让员工产生信心，而是产生困惑。伦纳德打破了公司一贯执行的自上而下授权和自下而上问责的关系模式。

担任新职务三个月后，伦纳德宣布公司将开发一条新的产品线。丽莎将领导一个跨专业、跨部门的团队来制订该计划，团队成员都是从公司内部部门借调的，他们每周为团队工作一天，定期向伦纳德及其高级领导团队汇报工作，因为一年后新的产品线将被引入市场。

除了建立新产品线来提升公司的市场地位外，伦纳德还准备在其任期内建立公司运营模型。他明白，他必须展现出创建跨越公司结构界限的关系网络的价值。新产品线成功问世和迅速推向市场可以向部分人（不是所有人）证明这是一种更好的经营方式。

为了巩固在新产品上市中积累的经验，丽莎被提升为负责企划的副总裁，受伦纳德和董事会的委托，为公司创建一个新的结构，重点是创建一个具有更快产品创新和更高客户参与度的结构。三年后，伦纳德带领公司收购了他们的主要竞争对手，他又开始通过建立关系和合作规划来改造一个受损的运营系统。

从影响力循环的角度来看，抵制变革是组织结构的一种功能，简单地改变结构只会让人感到不安和抓狂。在公司中，员工们会通过捍卫做事方式来抵制变革。为了从结构上影响变革，我们转而关注关系维度和观念维度，目的是创造机会，让员工看到和感受到比他们现在拥有的更有吸引力的新事物。换句话说，当保守现状的痛苦超过变革的痛苦时，员工就会改变观念。这就是伦纳德理解的内容，也是为什么他是一个成功的变革领导者。

不适当的结构：罗德的故事

罗德和两个同事组建了一家公司，向商业客户和住宅客户销售机械服务和产品。他们都是一家较大公司的员工，该公司为他们组建的公司提供产品。他们了解自己的公司，并相信他们会取得成功。

在开始运营的前几个月里，他们之间的冲突日益加剧，罗德邀请我给他们解决问题。正如我描述的影响力循环，这三个人看到他们之间存在关系冲突，和大多数情况一样，他们认为这是一个沟通问题。我将关系冲突描述为价值观冲突、沟通不畅、信任缺失。随着深入研究这一问题，上述每一个原因都变得越来越明显。但是你不能通过更好的交流来修复关系，这些小问题是独立存在的，沟通不畅只是更深层次问题的表征。

当他们建立商业伙伴关系时，他们同意成为平等的合伙人，承诺在协商一致的基础上做决定。出现的问题是，在企业的日常运作中，他们没有制定解决意见分歧的明确程序。这个问题比较严重，但他们并未发现。这个问题一部分是结构性问题，另一部分是对于一个企业所有者的认知问题。

当一个公司的问题涉及多个维度时，解决方案就变得非常复杂。当每一个维度都处于危机状态时，就像这家公司所处的境地一样，你能做的就是决定哪个维度的问题是最关键的。解决这个问题，然后解决下一个最关键的问题。

对这家公司的处境来说，关系维度问题是另外两个问题的连接纽带。以协商一致的方式运作并不是一种有效管理企业的方法，他们每天开会做决定，因为他们还没有指定合伙人中的任意一个人担任企业的经理。当我建议他们挑选一个担任执行合伙人时，他们每个人都拒绝了这个建议，因为这违背了他们做平等合伙人的承诺。

他们作为企业所有者具有的价值观与企业的结构并不一致。确切地说，他们没有充分区分企业所有者与企业员工的含义。这种缺乏明确性的情况导致负责安装和服务的合伙人抱怨说，他的薪酬比另外两个合伙人的薪酬要少。那两个人都是销售员，在办公室里担负额外职责，他们的薪酬要比第三个合伙人高。第三个合伙人觉得作为企业所有者，他的薪酬应该和那两个人一样，而他们没有同意，因为替换他的成本要小于他期望的高薪酬。

最终，这个执行合伙人离开了公司的日常运营，起诉了另外两个合伙人，要求获得他认为应该得到的额外工资。另外两个合伙人购买了他在公司的股份，这场诉讼最终得到了解决。

这个故事的教训是，协同不只是一个想法，而是一个确保公司健康的必要条件。在这种情况下，由于职责和薪酬结构不明确，致使合作关系受损。如今，我的朋友罗德已经把他的公司股份卖给了其他两个合伙人，以新的角色回到了他的前东家。

看清我们的断裂点

在过去的四十年中，我工作过的许多组织都曾出现过断裂点，而人们却并未发现。组织沿着影响力循环的三个维度的边界断裂，部分原因是我们不知道把组织看作一个整体，而是看作各部分的集合。理念是理念，关系是关系，结构是结构。然而，结构就是我们在组织中所处的地方，因此，结构观点控制和支配了原本应该用于指导我们工作的关系和理念。

这些问题既有内部原因，也有外部原因，并不是说一个企业破产了，其他的企业都健康完好。相反，我们所经历的迅猛变革正在造成公司内部的各种冲突，它不仅是集中的层级结构和全球关系网络这两种全球化力量的推拉作用，我们的社会对公司领导人的要求与以前不同。在一个变革的时代，组织沿着理念、关系和结构的断层线断裂。变革带来的压力越大，就会有越多的证据表明组织结构发生破坏。我通过自己作为一个组织领导者所经历的问题和失败，了解到了影响力循环的价值。在这方面，没有人能做到完美，我们都面临着良好管理的挑战。当变革的速度和强度都在增长时，这点就更难了。

如果我们把组织断裂看作车祸中人体的骨折，就会有助于我们更好地理解这种现状。我们通过调整影响力循环的三个维度来治愈我们的组织。我故意用“治愈”这个词，因为我见过很多员工和团体因为公司的弊病而深受其害。此外，我在这里说的是“治愈”，而不是解决一个问题，因为作为一个一生都在解决问题的人，我认为我们已经从简单解决组织问题的时代转型过来了，公司需要愈合和成长。我们需要知道一个健康的公司会采取怎样的举措，会展示怎样的风貌，会带给别人怎样的感觉。我认为我们正在开始学习治愈公司的意义，进而治愈我们的社区和世界。

治愈我们的公司，从你我做起。我们每个人都应明确对我们重要的价值观，并致力于寻找具有相似价值观的人来帮助我们建立具有影响力的结构，为我们提供创造影响力的途径。通过采取这样的行动，我们就能实现协同效应，开始治愈过程。

第 6 章问题
转型期中的公司

1. 你的企业或公司是否处于转型期？请说说你看到的最让你感到担忧的问题是什么。
2. 你今天面临的最紧迫的问题是什么？这个问题对你的工作或公司有什么影响？
3. 如果让你为改变这个问题做一件事，那会是什么？

第 3 部分

影响力循环内部

第7章 领导力的三个维度
——协同促成影响力

影响力循环的一个核心原则是组织协同，这种协同的功能与我们的汽车一样。如果汽车转向失调，我们就会左右摇摆，很难正常行驶。这种失调会分散我们对道路其他情况的注意力，让我们无法顺利平安地到达目的地。对于一个组织来说也是如此。

结构维度通常被理解为业务的系统方面。根据最广泛和最基本的解释，组织结构由一个公司的产品和服务、运营系统，以及其财务和管理部门组成，当我们谈论企业时就会想到它。然而，根据我的经验，我发现结构维度具有双面性。除上述传统的对组织的理解外，还包括社交结构。

在许多大型组织中，员工通过某种特定方式进行联络，也称为员工通讯管理协议。有些结构在组织流程中有明确规定，有些则是对社会文化的未言明的期望，新人在加入公司后就会慢慢理解。这种结构不同于关系维度，在关系维度中存在更多的网络模型。在与组织结构相对应的社交结构中，组织的层级结构决定了公司成员的社交方式，这是公司员工感受到世界上正在发生变革的领域之一。

无人提及的现实

由于理念、关系和组织维度之间缺乏协同，我们就会以碎片化的方式来看待一个整体性的公司。我们是否认为只要公司起草一份价值观声明和制订一个明确目标就会对公司员工产生巨大影响？我们是否认为公司和员工之间的关系只是一种交易性协议，员工就是被雇用来执行分配的任务？我们是否认为公司的财务状况能反映该公司健康状况和未来生存能力的全貌？

这种碎片化思维很正常。这就是我们学到的管理一个复杂的世界的方法，它也是公司中出现许多问题的根源。如果我们不能看到公司的全貌，那么我们就很容易错过一个关键的需求或机会。当一个公司进入某一转型期时，这种思维方式会更容易遇到麻烦。由于无法从全局思考，就会使某人或某个部门因这种思维方式而受到指责，而这实际上是领导力的三个维度之间缺乏协同的产物。

二十年前，“系统思维”和“系统动力学”将企业视为一个完整的整体，而不是各部分的集合。“系统思维”是一种了解企业各部分是如何相互影响的方法。当我们看到理念、关系和组织维度如何相互影响时，我们就看到了一个系统在起作用。家庭、运动队和城市都是一个系统，在某一方面投资就可以对另一方面产生积极的影响。影响力循环模型是这些高度复杂系统的一个简单实用的版本。

要从碎片化观点转变为能够看到本组织各部分之间相互作用的观点，就需要我们能看到一个焦点，影响力就是这样一个结合点。当我们问理念应该产生怎样的影响力时，并不只是以阐明事实和带来灵感的观点来看待它们，尽管这种观点也同等重要。我们还应看到我们的价值观如何能够在员工和公司之间建立一种信任的文化，以实现共同的影响力目标。为了实现这一点，我们的理念应该让我们清楚需要建立怎样的结构才能让所有员工都齐心协力，以实现共同的影响力目标。从这个意义上说，企业结构是理念维度的产物。该结构的目的是通过为每位员工提供一个能使他们发挥个人影响力潜能的结构，最终实现公司的目标。这是理解三个维度的协同对公司健康至关重要的一种方法。

看清组织结构

“为什么我们公司的组织方式是这样的？”这是一个关于公司基本宗旨的问题。大多数公司所有者和高管都能回答以下问题：

- 说明你提供的产品和服务。
- 说明产生和维持它们的运行系统。
- 说明支持它们的财务系统。
- 说明定义公司宗旨和目标的治理体系。

一个更难回答的隐藏问题是：说明企业的这四个方面是如何整合到一个系统中来服务于公司的宗旨。

这是一个较难回答的问题。因为我们身处公司内部工作，离组织结构太近，以至于我们无法看清它们的本来面目。只有当它们影响到我们时才能看清。为此，我们需要建立一个可以整合所有部分的框架，它不需要太复杂，只需要让我们解放双手，重新以我们一贯的思维方式来思考即可。

要看清一个组织结构的整体，我们需要看到影响力循环的所有维度始终存在，并且始终影响着彼此和整体。企业中不只有结构，不只有我们的意识形态，也不只是员工们各司其职，它们混杂在一起，所以我们需要一个影响力焦点来理解整个公司。

为什么是影响力？很简单。因为它将公司的各个部门都凝聚起来实施变革，这种变革可以通过协同的角度进行衡量和评估。

看清社交结构

在转型时期，当企业内部曾经确定的东西不再确定时，社交结构中往往存在冲突，而积极变革则起到杠杆作用。这种社交结构就是存在于每一个公司中的人类文化，它不仅是存在的关系，最好将其理解为公司的文化，是由影响力循环模型的积极作用创造的影响力而形成的。

公司的社交结构体现了公司员工如何理解他们与公司的宗旨和目标之间的关系。一个健康的文化会让公司员工感觉自己是公司的一部分，他们对公司的服务是重要的，公司重视他们的贡献。

一个公司的文化可以让公司适应不断变化环境的能力得以加强。员工逐渐适应使用组织结构的工具和系统，他们调整产品供应和运营系统，使之精简高效；他们将其财务资源用于那些极易成功的领域。此外，高管与董事会成员将调整公司的宗旨和计划，以把握未来的机遇。组织敏捷性就是这样构建起来的。

实现协同：丹尼斯的故事

缺乏协同

丹尼斯是一家小型袜子厂的生产经理。有一段时间，他感到有些不对劲，他知道完成一份礼服短袜的订单不应该需要六个星期，他的直觉最终让他实施了自公司成立六十年以来第一次对制造过程的全面重组。实现生产系统协同意味着同样一份订单可以在六天内完成。

然而，由于公司缺乏协同性，丹尼斯无法看到公司更深层次的问题，拥有和管理公司的家族看不到生产过程之外的问题。没有人能看到这些问题，因为他们的整个系统被有意地割裂了。

每个公司都要回答的一个问题是："为什么我们的组织方式是这样的？"这是一个关键问题，因为在现代组织中，结构已经开始定义企业的宗旨。我们会关注企业的各个部分，我们谈论效率、创新、谷仓效应[1]、跨界、无领导的组织，以及组织

① 谷仓效应：又称"筒仓效应"，是英国《金融时报》的专栏作家吉莲·邰蒂（Gillian Tett）2015年提出的。主要是指企业内部因缺少沟通，部门间各自为政，只有垂直的指挥系统，没有水平的协同机制，就像一个个的谷仓，各自拥有独立的进出系统，但缺少了谷仓与谷仓之间的沟通和互动。这种情况下各部门之间未能建立共识而无法和谐运作。

设计，每一个都是在特定情况下可能具有某些价值的概念。然而，他们从来没有深入研究更基本的问题：为什么是这样的结构？在我二十年的组织咨询工作中，我从未遇到过有人问，“我们的组织结构是否适合我们实际所处的行业？”实际上，有一种普遍的观念，即结构就是结构。如果我们需要改变，那么我们就需要逐步改进来调整它。在公司进入一个重大转型期之前，这种观念占据主导地位。

当一个组织陷入困境时，就像丹尼斯的袜子厂那样，社交结构起着重要作用。他面临的社会性难题是公司的所有高管成员都是家庭成员，这位现已年近九旬的创始人依然每天来到办公室。他的大儿子经营着这家公司，他的女婿负责市场和销售，他的外甥（丹尼斯）负责生产。丹尼斯倡议的改革行为对这个家族的社交结构提出了挑战。这个家族文化非常和谐，工作也非常好，因此在经过大量讨论之后，丹尼斯的改革倡议得以实施。

社交结构的核心功能是提供一种途径，让员工和部门在公司的运营结构内良好合作。如果公司的社交结构薄弱或存在冲突，员工之间就会缺乏信任，公司就会缺乏协同。

对丹尼斯来说，社交结构足够健全，因此公司可以着手解决公司的致命弱点。公司的碎片化状态意味着没有人能真正看到市场发生的重大变化。

公司中的社交结构是实现影响力的杠杆作用的地方。一个健康的社会文化的关键点就是公司各层级的员工能自由地向前迈进，去做丹尼斯所做的事情。在一个破碎的生产系统中实施改革，有很多公司未能做出改变，是因为最了解问题的人由于不信任上级而不能畅所欲言。当公司拥有健康的领导文化时，影响力就会被创造出来。

如果公司所有员工的期望是发挥个人主动性来寻求领导影响力，那么企业结构将会是什么样子呢？ 如果我们想让员工解决问题，让他们在工作场所之外进行合作，并创新方法以发挥重要作用，那么我们需要什么样的结构呢？我们需要让社会和组织结构实现协同。

更加缺乏协同

丹尼斯的公司之所以陷入如此严重的困境，是因为这个家族的眼界没有超越父亲原有的经营体系。即使世界从工业化时代转向信息管理时代，他们仍然看到自己在经营一家袜子厂。生产过程缺乏协同不是核心问题，这是他们对于整个业务的碎片化理解的一个表征，破碎的生产系统是这种缺乏协同的完美写照。在他们的生产系统中，制造一双袜子的十七个步骤被看作是十七个独立的内部企业。每天，每一个步骤都有单独针对该步骤接受培训的员工，每一个步骤都会在八小时班次期间生产库存。这个系统的碎片化程度让人难以置信，传统的生产结构主导整个组织，公司的全部目的就是制造袜子，而不是销售袜子，制造袜子就是公司的特定活动。在工厂里穿行，看到每个工位后面都有存货，我们咨询团队的所有人都清楚地看到，公司陷入了严峻的困境。

生产系统的核心变化是，他们只生产有订单的袜子。该公司的首要问题不是破碎的生产线，那只不过是表面症状，关键的问题是他们的核心业务正在萎缩。他们的结构是纺织制造商，而其他制造商则采用信息管理技术策略，即时管理客户库存。这个家族从未考虑过这种做法，他们仍然固守着20世纪40年代的纺织厂结构，他们的社交结构就是基于这种思想来构建的。除此之外，他们想不到其他方面，他们是自身结构的囚徒。

他们在企业的社交结构和组织结构缺乏协同，并且发现问题时，不知道如何解决，甚至都不知道哪里出了问题。对丹尼斯的公司来说，他们无法重新调整自己的业务结构意味着公司将持续衰落，直到关门停业。对这个小镇上的重要企业来说，这个结局非常悲惨。

通过组织协同实现变革

协同有多种形式，我们在此讨论的协同是将某一公司或者某种情况的各个部分集中起来共同协作。丹尼斯的公司从未实现过这个目标，他们没有把公司看作一个整体，而是看作各个部分的集合，就像生产线的七个步骤，每个部分都独立工作。然而，这并不是一个健康的、发展的和可持续的公司的运营方式。

当我设计影响力循环模型时，我有意地将理念维度和关系维度从结构维度中分离出来。我这么做是因为我遇到的组织问题就是这样的，员工也是以这样的方式看待他们的公司。它们作为独立部分和流程的集合并不能很好地工作，一个公司的每一个部门都会影响其他部门。成功的关键就是要学会如何创建协同来化解阻碍功能的内部冲突。

影响力循环模型（图1-1）最重要的作用就是能让我们理解员工确实把关系和理念看作是与组织结构分开的。我听到有人抱怨某位经理管理她的部门存在问题。通常，这个问题归咎于管理者的个性。随后我只问了几个问题，在几分钟内就弄清了原因：部门的组织方式让每个人都难以行事，甚至经理也不例外。

通过关注影响力循环模型所阐述的协同性，我们可以进行战略转移。我们可以将组织结构作为公司所有事情的默认条件，转变为让影响力的宗旨来界定组织的每一个方面。

我们每个人都需要问这样一个问题："我们的影响力的宗旨是什么？而且，我们的结构是否能够实现这一目标？"

这是主要的协同问题。我们可能清楚我们的价值观是什么，它把我们作为这个组织社区的成员联系在一起。但是，如果我们的目标和我们作为一个公司想要达到的影响力不是明确和实际的，那么我们最终只能依靠结构来确定我们的目标。协同性提高了我们目标的清晰度，把我们凝聚成为一个集体，这样我们就能够共同实现影响力。

有时需要一个局外人来鉴别一个局内人每天看到的东西。比如直到水变得"有毒"，鱼才知道自己在水里。想想结构与公司员工的关系：总是存在，但从未真正被看到，至少直到它变得"有毒"，人们开始遭受痛苦。我们真的只有等到它切实影响到我们时才发现有问题。如果我们从未看过一个具有协同性公司的全貌，那么就永远无法找到阻碍我们成功的问题的根源。当我们看不到问题出现的全貌时，就会寻找替罪羊（关系维度），因为它们在影响力循环组织图上要么高、要么低（结构维度），或者因为我们已经个性化了我们的理念或某种程序的接受能力（理念维度）。

创造协同就是创造变革。变革不只是用来解决某个问题，而且是协调推进领导力的三个维度。下面就来看看一个公司是如何做到这一点的。

通过协同创造影响力：弗兰克的故事

弗兰克领导着一个专业会员协会。在其组织的地理区域内，大约有八百名潜在的协会成员。该协会向其成员组织的员工提供教育和证书培训、支持服务，并参加美国各州和国家协会的活动。弗兰克面临的问题是，在过去五年中，会员数量急剧下降。协会并没有收取很高的会费，它主要是一种工具，用来创建一个邮件列表，以便与会员就行业问题和销售价格诱人的保险计划进行沟通。关键的财务问题是，他的方案的参与率太低，以至于到了不可持续的地步。

该协会的董事会召开了一天的务虚会①，讨论他们的选择。董事会得出结论，传统的会员制协会结构已不可行。他们需要转变为一个员工参与型公司，重视成员的参与和贡献。这是他

① 务虚会：一般单位在年初或某一阶段初期召开的会议，商讨制订该年或该阶段的计划安排以及希望达到的目标，以作为以后工作的准则和大纲。

们对协会宗旨的看法的180度翻转。

正如上面所述，弗兰克和他的员工并不知道他们组织的结构实际上是什么样的，其结构设计与其他传统的专业会员协会一样。随着时间的推移，他们并未看到，他们的计划和服务与成员的生活和工作变得越来越不相关，他们的结构是问题所在。

弗兰克并不知道这一点，但他感到需要采取一些行动，于是聘请了一位顾问来调查他们现在的、以前的和潜在的成员。通过这一步骤，弗兰克传递了一个信号，即他的公司希望与它的成员保持某种关系，而并不仅仅是提供和接受产品及服务的关系。弗兰克从这位顾问处了解到，在过去十年里，他们所在行业的专业人士承受的压力显著增加，他们的成员群体希望项目能有助于平衡他们的职业生活和私人生活。从这个角度来看，董事会要求弗兰克带回一份计划并提交给董事会，将这一具体需要纳入本公司的任务和项目。

领导力的三个维度实现协同后，不仅会增加成员，同时这种新的做法还会使弗兰克和该组织在他们的行业中处于有影响力的地位。此外，该地区的两个较小的协会也与弗兰克接洽，商讨协会合并的事宜。所有这些发展都是因为协会的领导愿意倾听支持者的意见，并改变组织结构以满足他们的期望。

制定协同战略

实现组织协同是一个变革过程。首先，你必须接受你的公司正在转型。请问自己第一个问题："我们是否正处于转型期？"变革的阻力总是存在的，员工不会自然改变，必须引导他们认识到变革是必要的。事实上，只有当保守现状的痛苦超过变革的痛苦时，员工才会改变。因此，仅仅展示未来会有怎样的机会，并不足以说服员工接受变革。在阐述变革的前景时，必须与公司自身的核心理念相结合，并且说明如果不能适应不断变化的环境，这些理念将受到威胁。

其次，请问自己第二个问题："我们现在正处在哪种类型的转型期中？"对于这个问题，我们需要看领导力的三个维度，以确定哪一个维度是最需要修复的。我们提出这个问题的原因是，当一个公司没有协同时，一个、多个或所有维度都不协同。

如果不清楚哪一个维度代表最大的变革需求，那么请问自己："每个维度的影响力是什么？"当我们了解到各维度的影响力后，我们就能看到整个公司应具有怎样的影响力。

当我们找到最需要修复的维度后，我们将寻找其他两个维度的资源或解决方案，以帮助这一维度重新恢复协同。下面就是一个范例。

部门重组：杰瑞的故事

杰瑞是一家大型汽车经销店的服务部经理。他发现，他的许多优质客户，包括一些合作二十多年的老客户，不再开车来店里寻求服务。他决定对他的优质客户进行一次非正式的调查，以找出导致这种变化的原因。每个人都告诉他，他们的新车是从另一个经销商那里买的。

重复销售新车历来都是通过服务部来实现的。服务部在维修车辆时给予客户的关怀和关注，使他们保持对经销店的忠诚度。现在的情况却发生了变化，杰瑞想知道是为什么。

杰瑞去找总经理以解决这一问题。他简要说明了当前情况和他从非正式调查中了解到的情况，他想知道如何解决服务部业务量下降的问题。总经理告诉他，新老板想大幅度增加销售额，他们正在将销售重点从店内本地客户转移到以区域为中心的网络批量销售，这就意味着，新车保修服务将不再是杰瑞部门业务的主要部分。他说：“作为一个区域经销商，我们服务部将不再是创造收入的重要部门，任何经认证的经销商都可以为我们的客户提供服务。”

销售策略的转变意味着杰瑞的服务部很可能会失去一些训练有素的技术人员和机修工，服务部也将从一个创造利润中心变成一个边际成本中心，杰瑞感到十分困扰。在总经理的批准下，杰瑞制订了一个计划，准备将服务部重组为一个独立的企业。

杰瑞和他的两个副经理一起制订了一个计划，以改变服务部门的重点，其中包括两项改革内容。

第一项改革是制订一个四季维修计划，他们可以出售给公众，以减少客户在车辆使用过程中的维修成本。他们为服务定价，以便与当地独立经销店竞争。

第二项改革是改变服务部在经销店内的定位。杰瑞和他的团队向总经理和车主们建议，将服务部重组为一个独立企业，这样他们就可以为各制造商生产的车辆提供服务。部门地址不变，仍可与现场销售人员直接联系，并能够提供除汽车销售以外的新业务。他募集资金，对新公司进行品牌重塑、市场营销和制作新标牌。改革方案获得批准，服务部实现了重组。

协同的影响

丹尼斯、弗兰克和杰瑞的故事表明，公司变革的能力直接取决于领导力的三个维度是否协同。明确每个维度清楚表达的影响力目标，对于创造协同并实现公司期望的影响力是至关重要的。

我认识到，这是公司内部员工思维方式的转变。他们习惯于看到一个支离破碎的系统，他们能从中得到一些安慰，因为它免除了他们对整个公司业绩的责任。事实上，员工们只需完成本职工作便可高枕无忧的轻松日子，已经一去不复返了。

如今，我们需要一支基于影响力循环模型建立的领导团队。当公司的每位成员都全力付出时，公司的影响力就会提升，而最终公司也将具有灵活应变能力，不再被过时的运营体系所束缚。同时，你将拥有一个富有领导力的公司，具有信任和承诺的文化，而且你的公司很清楚每位员工都能适应不断变化的市场环境。

创造协同不是一个快速的解决办法，而是通过改变员工对领导力的理解和发展的观念来帮助公司向未来转型。在接下来的三章中，我们将深入研究这三个维度，以便清楚地看到它们对创造影响力的贡献。

第 7 章问题
领导力的三个维度——协同促成影响力

1. 用一句话描述一个紧迫的问题、挑战或机遇。这个问题属于哪种类型？在以下选项中圈选。

a. 理念

b. 关系

c. 结构

2. 如果你现在就能解决这个问题，你希望结果产生怎样的影响或改变？

第 8 章 理念维度
——阐明影响力

近年来，我看到在所有类型的公司中都不断重复着一种模式。员工表达了一种不归属感，或者无法与其他同事协同工作。他们对工作的怀疑和恐惧不断增加，他们会被告知期待一个特别的变化，但另一种变化却不期而至，他们会在一个从未分配或讨论过的评估过程中被他人期待有绩效表现。因此，没人知道公司是否健全，是否有好的管理人员。我经常听人说这句话："我知道这不是一个随机的或独特的现象。"这是设计影响力循环模型所要解决的一个问题。

这种在工作中社会和组织上发生脱节的问题来自一种类似的看法，即世界上其他地方同样呈碎片化。这种脱节将员工、理念和组织结构分割为各个部分以至于人们难以识别整体。比如，我们以一个大型企业的组织结构图为例，每个程序、产品、部门和结构层次对我们来说都是有意义的。但这家企业的整体业务是什么呢？这个业务是其产品线吗？是它的品牌和营销声明吗？是它的员工？或者是公司的客户、领导团队，或者董事会？是什么构成了一个公司的整体？使公司实现整体性的核心要素是什么？公司只是一个集中盛放部件的容器吗？还是说除这些部件以外还有其他的东西？

我花了数年时间寻找一种方法来描述一个公司的整体，得出的结论是，在现代公司中，并没有任何结构层面上的东西构成公司的整体。正如本文所述，它是一个可互换部件的集合，只要将这些部件协同运行，它们就会实现最佳工作效果。如果我们看到一个公司处于碎片化状态，那么我们就看到了我们必须面对的现实。要想把公司看作是一个在社会和组织上相互关联的整体结构，就需要有一套理念来帮助我们确定是什么把所有的部分统一成一个还可理解的整体图景。

我所说的组织整体性本质上是我们作为人类拥有的社会关系。我们因人类共性而彼此相连，我们拥有相似的欲望、恐惧、兴趣和是非观。共同的价值观将我们联系在一起，不管我们来自哪里，我们都拥有共同的生活体验，会因为同样的事情而欢笑或痛哭。我们用来交流这一共同体验的词汇就形成了一个理念，这一理念为实现公司的整体协同奠定了基础。

然而，我们的公司大多会忽视这一现实。我们的业务被分割成谷仓，并保护着要控制的地盘。在许多地方，领导力会加剧这种破裂，因为它孤立了那些能够影响公司整体性的员工。如果不注意我们这种人际关系的现实，这种破裂就会为那些争权夺利并且进一步分裂和腐化公司的人提供理想环境。

是什么把我们彼此联系在一起？是同样的理念让我们认识自己，即了解我们的价值观，有明确的目标，部署一个实现整体性以产生影响力的愿景。

四个关联的理念

影响力循环模型的理念维度以四个关联理念为基础，即价值观、宗旨、影响力、愿景。作为理念，它们决定了我们如何在这个世界上学习和生活，它们决定了我们如何看待自己、员工和我们所做的工作。阐明它们的概念并建立联系，就能让我们认清自己，发现我们的潜力，而这是任何其他方式都难以做到的。

当我写这些词语的时候，我并不想用我的手指去打出每个单独的字母，而是在想我要传达的理念，于是我的双手就会自动地把表达这些理念的正确词语打出来。在我们生活的各个方面，理念就是这样从概念转化到可习得的实践。如果我们只是把这四个词语看作是理念，那么我们将永远也看不到它们是如何在我们身上体现的。

比如，信任不只是一个词语。我们知道它是我们生命中不可或缺的东西，无论是信任的存在还是缺失，都能让我们体会到它的重要性。当信任成为我们生命中的一部分时，我们就不用再去想如何信任他人和值得别人信赖，我们已经做到了信任他人和值得别人信赖，这种理念已经形成了我们的品性。如果我们和某个人相处时总是感觉受到威胁，那么直觉告诉我们要提防，这种对那个人的不安全感就是由我们内心的信任理念形成的。信任创造了健康社会所需的社会凝聚力。

这对一个公司来说也是如此，这也是我们对于企业中的人际关系的理解。如果这四个关联理念中的每一个理念都能简单而实际地应用于我们所做的工作，那么社会环境就不光包括业务关系的交易性质。

我们并非总是清楚自己的价值观。我们可能也会以碎片化思维来看待自己，相信某一特定的价值观对我们很重要，但我们展现的态度和行为却完全不同。我们体现的价值观是我们主动实践的和通过环境学习的价值观。

这四个关联理念通过实践超越了简单理念的范畴，它们体现在公司的运营方式中。不同的是，这四个理念并不是思维机器的一部分，它们就像蛋糕的配料，一旦配料被搅拌成面糊，它们就失去了原来的形态，变成了更伟大、更美丽和更美味的东西，即整体大于各部分的组合。

事实上，四个关联理念已成为生活的话语。它们是引导我们深入理解生活意义的理念，一旦它们融入我们的思维、感觉、反应和行动，我们的生活就会发生完全转变。

看看你认识的人。那些对自己的生活有明确目标的人与那些没有目标的人是不同的，他们的生活更充实、更有激情、更专注，很少会恐惧、怀疑和缺乏自信。这四个理念对我们以及我们的公司和社区的福利至关重要，它们是影响力循环模型的领导力的实践基础。

让我们深入研究一下这四个关联理念。

价值观

一个公司的价值观是它的基本信念。它们是固定不变和不容商量的理念，这些理念构成了公司自我认知的框架，它们在行政领导换届期间也不会改变。秉承尊重、尊严、骄傲、正直、爱心、服务、创新、诚实、勤奋、敏捷、自由、弹性和信任等理念，可以让我们战胜每天遇到的困难，并能带领我们度过变革时期。

如果一家公司宣称“诚信待人”是其核心价值观，则公众和公司员工就希望与公司建立一种相互尊重、透明和信任的关系。经过实践的价值观体现了公司的文化。如果公司的行为与其声明的价值观不一致，那么人们就会认为公司“重视”其价值观是一种空洞的、缺乏意义的口号。

我们无法选择是否拥有价值观。我们的每一个决定、每一个行动、每一次互动都是我们价值观的展现。我们生活在一个透明的时代，无法隐藏任何秘密。因此，我们需要更加明确和警惕，以确保我们的行为能真实反映我们的观点。在一个任何评论都能引发病毒式社交媒体风暴的时代，我们的价值观越能融入我们作为员工和公司的行动中，我们就越有可能在风暴发生时经受住这些风景。

这就是为什么一个公司的价值观是其思想基础。当一个公司出现沟通问题时，其中一个原因很可能是他们所声明的价值观和这些价值观的实践之间不对称。价值观并不存在于真空中，而是存在于员工或公司的社会背景中，以及我们彼此的关系中。

价值观提供了一种体现其他三种关联理念的理解方式。我们的宗旨、我们对公司影响力的决定，以及我们共同工作的愿景，都是基于公司的价值观。因此，价值观是公司组成的每一个方面的基础。我们可以根据环境的变化来改变我们宗旨的表达方式和我们对自身影响力的理解，我们的愿景也可以随着时间的推移而改变和扩展。但是，公司价值观的不变性特征为公司的其他一切发展提供了基础。

宗旨

“宗旨”一词确定了一个焦点，将某个员工和公司引导到一个特定的方向上。宗旨声明需要精心设计，用以严肃地阐明公司的市场意图。一个公司的宗旨并不一定要表述公司的所有内容，它必须强调重点内容，让员工关注公司的意义和员工与公司的关系。

在这个意义上，宗旨与公司想要产生的影响力密切相关。因此，一个有效构想的宗旨并不能描述公司所做的事情，它不是活动声明，比如，“我们制造东西”或“我们打扫办公室”。这些声明是关注于公司内部事务的宗旨。也许员工想知道公司正在做什么事情，所以说明公司正在做什么事情可能具有一定价值。然而，这并不是宗旨声明的理由，而是价值观声明的目的。二者的区别在于，宗旨声明表达了实现公司影响力的一种志向，而价值观声明则描述了为什么这种志向很重要。

有效的宗旨声明把我们价值观声明的理由集中体现在它们

的影响力上。“我们为什么要做这些东西，为什么提供这些服务？”仅仅说“因为我们一直都在做这些东西”或者“因为这是我们客户的需求”是远远不够的。这类探寻原因的问题能帮助我们理解影响力的意义。

例如，一个不仅反映了我们想要创造的影响力而且还反映了指导我们的价值观的宗旨声明，可以是这样的：“我们来处理细节，你可以自由地追寻梦想。”

这种声明虽然没有描述该公司是做什么的，但明确表达了它想要为客户创造的影响力。这家公司可以是软件公司、清洁服务公司，也可以是家庭专业餐厅。它可能是一家为企业所有者提供虚拟帮助的公司，或者是其他各种类型的公司。如果公司真正的宗旨是解放人们去追求他们的梦想，那么公司的服务范围就会扩展。如果以这种方式来定义其宗旨，就会比通过公司行为来定义其宗旨带来更多无法想象的可能性。这就是为什么我们要明确想要创造的影响力。

影响力

影响力是我们创造的一种变革，这种变革会产生重要的影响力。没有变革就没有影响力，这就是为什么人们必须采取积极主动的办法来进行变革。如果只关注事情的结果或测量结果，我们就会忽视影响力的重要性。影响力不仅是衡量活动的一个指标，它也是我们创造的一种变革的品质。

当影响力是我们目标的焦点时，它改变了我们对工作的感知方式。我们变得不那么专注于内部事务，而是更专注于如何改变环境，使我们的产品和服务更容易被接受。公司可以采用以下方式描述其影响力："今年我们抚养了1000名贫困儿童。"我们应该庆祝这个令人印象深刻的结果，然而，如果这家公司换一种说法："我们参与了贫困儿童抚养计划，其中60%的贫困儿童的考试成绩得到了提高。"我们的影响力就会对我们社区的儿童和家庭产生革命性的影响。因此，影响力是无法用数字衡量的重要变革。

影响力不是活动，而是活动的效果。在前面这个例子中，影响力不是抚养孩子的行动，而是抚养计划的效果。孩子们的体质增强后，学习成绩得以提高。把你的影响力描述成一个故事，人们就会看到正在发生的事情的全貌。人们可以看到一个孩子在家专心致志地写作业，人们能从孩子们的父母那里看到感激，因为他们孩子的身体更健康，学习进步更快。你的员工会为自己成为公司的一员而感到自豪，因为他们做了很多了不起的事情。这就是影响力传达公司价值观的力量。

我经常遇到有影响力想法的人。我反问他们，你的企业有什么影响力？他们回答不上来。影响力的理念具有情感上的共鸣，这种共鸣需要以价值观为基础，以宗旨为实践方向。

愿景

不要把愿景看成是一个时间上的快照，比如设想在两年内从三家店发展到六家店，而是要把它看作一个展示你想要创造的影响力的视频。

我们对影响力的愿景不仅仅是我们想在三年内实现什么，而是我们所有人今天共同努力实现这一伟大目标的图景。从影响力循环的角度来看，愿景就是员工通过组织结构来创造影响力，这是我们的愿景，而不是凭空想象。我们的愿景就是，我们共同合作来创造影响力，尽一切可能为我们的客户、社区，甚至是我们自己带来变革。

从这个角度来看，每位员工都与整个企业密切相连，这样他们就可以理解他们个人的贡献的重要性。如果大家都能想象到这一点，那么我们所有人就能发挥个人主动性来实现变革。

这四个关联理念能让员工意识到在一个公司中可能存在的关系的深度。下面的故事说明了为什么简单实用的四个关联理念可以为修复一个甚至连自己都意识不到的破碎组织提供理论基础。

创建信任的团队文化：布莱恩的故事

布莱恩曾是一名职业运动员，后来被同城的一个体育型非营利性组织聘任为执行董事。董事会聘用他的理由是，他在该城市的人脉和声望将提升该组织的筹资实力。布莱恩不是一个专业的筹款人，但他是一个天生的沟通者。他被聘为该组织的代言人，负责在全城拓展业务范围。

正如经常发生的那样，董事会制定的组织未来发展蓝图可能与该组织当前现状相冲突。很快就有员工出来抵制布莱恩的领导，他们对董事会的新愿景持怀疑态度，他们认为自己更清楚本组织的发展方向。对布莱恩的抵制行动有两个：第一个抵制行动是隐瞒有关项目的关键信息。第二个更重要的行动是，两名高级职员直接去找他们视为朋友或支持者的董事会成员，想要找理由罢免布莱恩。他们的请求被驳回，并被告知他们出格了。

这两个行动显然都有政治动机。布莱恩并不是一个新手主管，在其作为职业球员时，他曾拥有自己的体育营销企业。当他退役后，他卖掉了他的企业。所以他很清楚地看到员工对他的领导的抵制。

在处理这两个抵制行动时，布莱恩清楚该采用怎样的应对措施为组织发展定下基调和方向。关于隐瞒信息的行动，他会见了负责这一抵制行动的员工。布莱恩告诉他们，他们有两种选择：正直行事或辞职。他给他们一个星期的时间提供他所要求的信息，员工同意按他的要求去做。

要求解雇他的两名高级职员的情况更为严重和微妙。在与董事会讨论后，布莱恩解雇了这两名员工。第二天早上，布莱恩召集了其余的员工，通知他们他的行动。后来大家都来找他道谢，当他问到原因时，每个人的回答都是一样的："那两个人很久以来一直试图支配我们的生活。"

团队概念

布莱恩并没有被这些行为所蒙蔽。他漫长的运动生涯让他明白了创建一支获胜的、表现出色的球队的重要性。当他与这家非营利组织的员工交流时发现，他们并不是一个团队，而是由一些各司其职的员工组成的群体。布莱恩以团队的视角来审视组织，对他来说，这四个关联理念是创建一个团队的基本要素，这个团队能够超越自我感知的局限，为他们的社区取得重大成果。

布莱恩在会见他的员工时告诉他们：

我被聘任是为了做好我的专职工作，而不是去完成你们的工作，我希望你们每个人都能把自己的本职工作做到最好。我坦率地承认，我不知道你们是怎样完成自己工作的，只知道你们为什么要这么做。你们要关心那些从我们项目中受益的人，只要你们诚实、努力，把员工的利益置于首位，那么我就是你们最坚定的拥护者，而且我也希望将来你们也会成为我的拥护者。

布莱恩最初关心的不是组织的程序结构，而是关系结构。当他发现组织与员工的关系断裂时，他知道，除非他坚持自己信奉的价值观，否则他无法让他的员工成为一个团队。所以，他十分坦诚地跟他们谈话。他这样做是在传递一个信息，即他是可以信任的。

布莱恩要求建立一个他觉得在组织中缺失的价值体系。他认为，自尊和为更大的利益相互贡献的价值观，以及公开和诚实的沟通，是一个运作良好的团队迎接他们面临的挑战和机遇必不可少的因素。

体现价值的策略

企业价值取向是影响力循环模型的一项重要功能。在发现那些确定的价值观后，就形成了实现影响力目的的愿景。然而，重要的不是语言本身，而是这些语言在行动中的生命力。

布莱恩在与员工的互动中强调了几种价值观，这些价值观将指导他们之间的关系。他提及了诚信、奉献、以人为本，同时他与违抗命令的员工的谈话也体现了这些价值观。他表明诚实能为组织带来更大利益，那些对于组织领导不满的员工只考虑了自己的利益，而置组织的利益于不顾。问题不在于他们的意见是否正确，而在于他们的意见是否以尊重和建设性的方式进行了表达。布莱恩表明，全体员工都可以信任他，他会公平地对待他们。

布莱恩进入了一个碎片化的组织，但董事会并不清楚这一点，因为这不是一个结构性问题。该组织清楚自己的宗旨，于是采取了有效的方案，在社区中受到了好评。布莱恩使组织实现协同的第一步是向员工表明他们可以信任他。

在所有协同情况下，其中一个维度被认为比其他两个维度更为关键。在布莱恩的案例中，关系维度是关键点。他的方法是提升信任的价值，并将其应用到整个组织的员工结构中。他容忍那些隐瞒信息的人的行为与他解雇那些要求他离职的员工的行为形成对比，这表明他有一套将在本组织统一适用的价值观，并由此获得员工信任。

这些员工中，有些人试图支配他们的同事，而有些人则觉得自己是不健康的工作环境的受害者。前执行董事一直是本组织的热心倡导者，但很容易被员工支配。语言固然重要，但它们在人们的态度和行为中的应用才是巩固人们彼此联系的基础。这是布莱恩在职业运动生涯中学到的，也是他区别于前执行董事的地方。

为关联创建协同

如果把这四个关联理念统一起来，就会在一个公司中形成一个整体，它们融合成一个独立而完整的事实。我们不再思考我们的价值观是什么，或者我们产生影响力的目的是什么，或者我们对未来的憧憬是什么。我们可以通过创建文档来清晰地记录这些理念，以便分发和交流。但当它们结合到一个事实中时，它们就变成了我们的次要属性。

这种事实的一种表述方式是情境意识。当我们体现价值观和我们的影响力目标时，我们就能深入了解各种情况，并清楚该如何应对，这就是为什么布莱恩能够如此有效地应对员工的抵制。他的情境意识源于他的生活中所体现的一套价值观，因此，布莱恩的信仰和他的生活方式之间有着高度的统一。

如果我们要和布莱恩谈论他的这种领导能力，我们可能会问他：“当你被你领导的员工威胁时，你该怎么办呢？”他可能会这样回应：

我做人的诚信度是建立在我运动生涯中所珍视的价值观的基础之上的。我十分信任那些价值观，因为它们在竞争激烈的环境中给予我很大帮助。他们使我成为我们团队的领导者，并创建了一个成功的营销公司。所有一切都与你的价值观有关，你的价值观决定了你想成为什么样的人。价值观不再是纸上谈兵，而是关乎你想要实现的生活方式，我坚信本组织也能做到这一点。作为一个团队，我们共同的价值观能使我们创造我们想要的影响力。我们怎么会知道？因为我们能通过本组织的项目看到在我们的关系中存在的影响力。

人与人之间的联系是一种现实的东西，它以一种商业的基本交易关系所无法触及的方式触动我们。我们会发现自己可以自由地发挥个人主动性来创造领导影响力，而且我们发挥作用的能力不断增强。我们了解到，组织的旧结构是影响其潜力发挥的一个限制因素。

当我们意识到我们的价值观是不可动摇的时，我们就开始发现组织中的这一事实，它们是本公司内一切事务的根本基础。我们的价值观是我们个人生活和企业生活的核心力量，当我们发现了这些基本价值观时，我们就会像布莱恩那样去说："我们愿意牺牲这个机会，以维护我们认定为核心优势的价值观的完整性。"

当我们能够拒绝一个光彩夺目但极有可能危及公司未来的机会时，我们就会知道，我们的价值观现在已融入我们的自我认知和我们创造的影响力之中。四个关联理念对我们和我们的组织的影响是，现在已经清晰地了解了我们的重点。有了这种清晰的认知，我们就可以把自身与其他两个维度协调统一，以实现我们所渴望的影响力。

第 8 章问题

理念维度——阐明影响力

1. 对你来说最重要的价值观是什么？
2. 你对自己的生活或工作有明确的目标吗？如果有，请在下面的空白处写出来。
3. 在过去的几年里，你对自己认为重要的事物的认知有何改变？

第9章 关系维度

——构建信任关系

如果有人告诉我他们的组织在沟通方面出现了问题，我知道他们可能存在协同问题。要实现良好的沟通，首先要有清晰的信息源，然后采用合适的方式将信息传递给接收并做出回应的人，获得接收人的理解和感谢，这种良好的沟通形式使影响力循环的四个关联理念和三个维度实现协同。良好沟通的影响力是信任。

沟通问题贯穿了这三个维度。如果它是你的组织中的一个问题，那它是什么样的问题？是理念问题、关系问题，还是结构问题？你的信息是否清楚地说明了影响？你真的不了解你正试图与之沟通的人吗？你的沟通方式适合他们吗？不管领导力的三个维度中的哪一个维度是最重要的，我们必须解决关系维度。在这种情况下，解决方案要么被接受，要么被拒绝。信任级别越高，解决方案越可能实现良好沟通。

关系维度与四个关联理念

这是我第一次与一个为公司制定价值观声明的团队会面，这支团队由高管和工会官员组成。我首先问他们：“在多久以前你们还是一家快乐的公司？”工会主席迅速发言：“二十年前！”我接着问：“那时候公司是什么样子的？”他说：“我们是一家人，我们一起工作、一起打垒球[①]、一起野餐。我们彼此了解，彼此关心。”

我很快就了解到，二十年前，一个新组建的执行团队实施了改革，公司文化受损。现在，前团队领导因财务丑闻及其给公司带来的窘境而离职后，一位新的首席执行官上任，新任首席执行官和重组后的董事会也负有改革的任务。他们的任务是修复受损的文化，加强公司的地位，通过收购其他公司或被收购的方案来谋求发展。他们选择用一个价值观声明进行修复。

在我们探索的过程中，我们逐渐明白，重建公司文化并不是我们的目标。过去的文化被人们如此深情地铭记，只是由于当时特有的条件。我们的任务是确定一套价值观，这些价值观

---

① 垒球：是由棒球发展而来的，与棒球规则相似，技术难度、运动剧烈程度低于棒球。

可以切实地应用于公司现有的管理文化。换句话说，我们的工作是建立一个信任的基础，以切实可行的方式来治愈创伤。

公司一直在实施价值观重建流程。但很遗憾，仅凭价值观声明并不能将价值观转化为行为或完成策略的改变，它们是能够鼓舞人心的言语和理念，可以把它们打印在卡片上，然后张贴在休息室里。许多这些价值观重建过程就像我在洗车后希望我的车得到更好的汽油里程。价值观不是独立的理念，它们是在组织关系中实践的理念体系的一部分，这种实践的理念是组织完整性的核心力量。

影响力循环的重点是创造一种信任的关系文化。我们的价值观告诉我们影响力的宗旨是什么，并把员工团结在一个共同的影响力愿景中。所有这四种理念之间的相互作用都发生在公司的社交结构和组织结构中。协同为信任创造了条件。

当影响力循环成为一种习得的实践时，一种影响力文化就形成了。正如上一章所述的案例，布莱恩在担任执行董事时发现其所在公司并没有一个具有影响力的关系文化，他很快发现，社交结构正处于危机之中，公司宗旨是注重维护高级职员的地位，缺乏诚实和信任。一个局外人可能无法看到这一事实，但会在其中注入一种破坏性的影响，就像一个不健康的系统以暴露其脆弱性的方式做出反应。

布莱恩的首要任务是培养员工对他的领导能力的信任。关系维度不符合一个健康运营的公司的基本要求，他们的关系中也缺少了信任。在建立信任文化之前，布莱恩必须先建立对自己的信任。这对于行政领导了解他们的公司何时处于转型期是至关重要的。

当人们以一种利己的方式行事时，就像布莱恩的一些员工为了削弱他的领导力所做的那样，是会破坏信任的。信任很难建立，也很容易打破。

在团队环境中，信任是团队完整性的标志。布莱恩与员工会谈，向他们发出了这样一个信号：他与他们建立了一种关系，认为他们值得信任。

布莱恩列举了通过信任来建立彼此关系的一些要素。他们彼此依赖，不是因为软弱，而是寻求机会来实现伟大目标。这就是诚信在一个公司中的运作方式。

影响力循环隐藏的秘密

像布莱恩所在的功能失调的组织，不只是在一个方面功能失调，而是在很多方面功能失调。价值观为公司的宗旨、影响力、愿景和社交结构提供支持。如果价值观是空洞的、妥协的或者受损的，那么这个缺点的影响就会像病毒一样在整个公司中传播。即使是最有道德、最忠诚、最值得信赖的管理者，也会发现自己处于妥协和冲突的境地。我和几十个这样职位的人交谈之后，发现他们讨厌这样的工作。他们夜不能寐，为自己无法解决困扰公司的问题而感到烦恼。他们渴望一个在工作中实现诚信、尊重和信任的时代。

这是影响力循环隐藏的秘密。要使它成为一种模式，帮助企业以高水平的绩效运作，实现其从未想象过的潜力，它需要一个条件，即领导者体现该模式的四个关联理念。

在为经历了高管丑闻的公司制定价值观声明的过程中，在最后一刻，公司的命运出现了转机。在公司的整个历史上，那是一个小小的时刻。但对计划团队来说，这是一个变革性的过程，它一直延续到接下来的每一个变革阶段。

在为制定价值观声明进行了三个月的工作之后，在距离我们的会议时间结束只有一个小时的时候，我们没有发表一项声明。尽管前一天我要求团队的每一位成员写一份声明，并把它带到第二天的最后一次会议上，但只有两个人做到了。我很清楚这一流程的成功将起到举足轻重的作用，我把这个告诉了团队。二十年来一直困扰着公司的不信任情绪仍然让人感到恐惧，在企业环境中，文化的改变是缓慢的。

还剩下一个小时，我请两位成员把他们的发言写在一张挂图上，并挂在墙上。在他们行动的时候，我要求本集团其他成员进行最后发言。三位成员很快写下了对他们来说公司发展的最重要因素，五位成员每人就其发言作了两分钟的陈述。我给团队的每个成员五张选票，他们可以任意分配。在统计票数后，前一天晚上写的声明中有一条是正确选择。我问专责小组是否能对此选择达成共识，回答是肯定的。其中一个成员穿过大厅来到首席执行官的办公室，请求加入我们的讨论。

他走进房间，看了看五份声明的选票总数。经小组同意，我询问了他的选择，他立即选择了他们刚选定的那个声明。大家都感到如释重负、欢欣鼓舞。有几位成员评论说，这感觉就像二十年前的公司一样。

对这家公司来说，这是一个重要的时刻，它曾经是一家受损的公司，现在正在逐渐恢复并产生重要影响。这位新任首席执行官通过确认成员想法这一过程，让团队成员欢欣鼓舞。这让团队成员印象深刻，认为这位领导值得他们信赖，可以一直追随。

能把这四种理念结合起来的员工可以立即进入一个受损的、碎片化的公司环境，并做出重要的改变。他的职责就是为公司建立信心，他对此信心满满，这就是这个人对公司的影响力。在实施了一项新的领导力培训计划后的两年内，该公司被认定为全国最值得信赖的公司之一。

影响力循环领导力的秘诀在于，我们每个人都可以成为值得信赖的人。要成为那样的人，我们必须认识到折中方案是行不通的。如果要让信任成为我们领导力的产物，我们就必须彻底改变。

什么是关系？

关系就是联系，大多数时候，我们将其视为人际关系。但除此之外，我们也将其视为我们与地方、公司和理念的联系。如果说我们和一个地方有关系，比如我们的家或一些有着自然美景的地方，就是说我们要关心它，而我们关系的完整性要求我们采取行动来保持它的健康和活力。

如果信任是我们关系的核心价值，那么我们必须自问，诚信地对待所有与我们有联系的员工、地方、组织和理念有何意义？

我的一个朋友向我描述了他在担任一个大都市区的一个非营利组织的负责人时发现的两种关系。第一种关系是与那些只希望与公司保持业务关系的员工建立的关系。如果你问他们是否愿意赞助一个孩子去露营或者为一个建筑作业做贡献，他们的回答是愿意，但他们希望有所回报，这里存在一种交换关系。而另一种关系我们称为变革型关系。这些人会问："我能帮什么忙？你要我做什么？"他们投资于关系构建。贡献具有价值，但投资创造影响力。

布莱恩理解这种观点。在他与员工的谈话中，他告诉他们，他与员工和公司的关系不仅仅是一种契约关系。相反，他告诉他们，他正在向他们投入信心和支持，以使本公司以前所未有的高水平运营。当他表达自己拥护员工利益时，他是在树立一个信任的标志，他为员工承担名誉的风险。他是一个变革型的领导者，因为他投资于人际关系。

因此，关系就是一种与某人建立的联系，你们共同分享彼此的事物，是建立友谊和相互承诺的纽带。在企业中，我们很少从友情方面谈论员工和主管关系。我们并不是害怕将商业关系私人化，而是说如果涉及朋友关系的话，就会很难做出一个经营决策。

如果我们是大学校友或者街坊邻居，那么我们之间就是另外一种属性的关系。在组织环境中，关系的目的是在企业中实现向心力和组织性。我们不只是一般意义上的朋友，我们的友谊源于我们共同努力来服务于我们的工作场所。

我们所分享的是对价值观、宗旨、愿景和影响力这四个关联理念的意义的理解。想象一下，在工作中，你知道所有和你一起工作的人都有一个共同的影响力理念，这将会为企业注入多少活力，而且可以想象，沟通将会变得无比顺畅，企业中出现的典型冲突将会大幅度减少。

建立这种关系的挑战在于，我们大多数人已经习惯于在交易的基础上处理我们的关系。因此，我们会把我们的工作看作是这种关系的扩展。从这个角度看，我们把员工当作达到目的的手段，当作一种工具来实现我的目标而非你的目标。你的目标并不重要，因为我的目标比你的更重要。在一个公司中，这是一种错误的竞争环境，因为它往往会变成掠夺性的竞争环境。公司之所以没有陷入彻底混乱是因为公司内部有人选择不以这种方式运作。事实上，根据我与组织中各个层级员工的交流，大多数人都不想以这种方式运作，这使他们的工作过于复杂，他们渴望布莱恩展现的那种正直的领导力。

重要的关系差异

我们关系的特性是我们个人生活特性的产物。当我的朋友向我描述他发现的两种关系时，即交易型关系和变革型关系，他所做出的这种区分通常很难界定。每一种关系，无论是在生意上还是在私人生活中，都有一个界限，等待我们跨越。正是这种开放、易损和互通的门槛引领我们成为具有影响力的人。

当布莱恩谈到他的员工团队时，他并没有简单地拿老生常谈的体育来打比方，而是讲述了员工之间的关系。二十年前，当工会主席把公司描述成一个家庭时，也是讲述员工之间的关系。

这里，区分交易型关系和变革型关系是有意义的。对于前者，人们之间的关系是一种交换关系；对于后者，这种关系是一种参与关系，具有个人化属性。这并不是说我们把情况个人化，只关乎自己。恰恰相反，我们经历了变革，彼此都关心对方的生活。

在这种情况下，四种关联理念的协同作用开始产生重要的影响力。因为当我们珍视彼此的生活时，我们就能建立共同工作的目标并指导我们的价值观，最重要的是，我们能共同创造影响力。这样，我们就会在一个具有诚信的团队、公司、家庭和国家中行事。

如果我们的关系是交易型关系，我们与他人的相处就会带有竞争性，我们就会追求以最小的付出换取最大的回报。

布莱恩辞退了一位通过交易型管理方法发展该项目的执行董事。那时的员工文化是，每位员工都很清楚他们要努力展现其工作的价值，不仅要向执行董事展示，而且要向所有员工展示。因此，该公司吸引了很多雄心勃勃的人。但他们的最终使命是实现个人抱负，而非公司愿景。执行董事被辞退，因为公司在向一个主要捐助者传达错误信息而且未能做出正确回应，原本以谦卑和礼貌态度就能轻松解决的问题变成了捐助者和公司之间的冲突。执行董事坚持认为捐助者有错，因此固守自己的立场，声称这是为了公司的诚信，而实际上这是在损害这种诚信。他从交易型的视角来看待他所有的关系使他丢了工作，也使公司失去了一个宝贵的捐助者。

布莱恩在担任执行董事的头几个月里，他展示了一个好教练带给他的球员的潜在力量和卓越品质。他把自己看作是公司的教练，把他的员工和公司的志愿者看作是场上的团队。他表达了对他的球队的感情，将他们的比赛提升到了一个新的水平。

他是一个勇于变革的领导者和一个诚信的人，他的个人价值观、目标和对影响力的愿景是协同一致的。他的品性使他成为一个有影响力的人，这不仅基于他的想法，而且基于他的行动。

创建一个由领导者组成的公司

协同的目的是将公司的各个方面集中起来，作为一个整体来运作。怎样才能做到这一点呢？结构做不到，价值观声明中的文字也做不到，只有员工们，也就是那些建立相互关系的员工们才能做到。

公司的首席执行官和董事会批准新的价值观声明后，执行了一项计划，其中采纳了认同的价值观，并为中层管理者和主管制订了一个培训计划。目的就是将价值观转化为具体的行为和行动，并成为公司管理计划的一部分。这项计划的特别之处在于它是从公司的技术工人入手的，最终恢复了信任文化。要达成这一目标，仅通过修改培训计划是无法实现的，还需要首席执行官主动与公司各阶层的员工建立关系。这位首席执行官首先需要努力了解公司员工的姓名，然后了解他们的价值观。到准备发布声明的时候，他展现了坦率与得体的风度，标志着公司新时代的到来。

在第2章中我们讲述的高级副总裁巴里的故事就发生在同一家公司，正好也是在制定价值观声明的时候。正是这些事件推动了一项培训计划，使中层管理人员和主管掌握了培养下属的领导力的技能。这家公司开始相信，基层领导力不仅能带来变革，而且对公司的健康至关重要。公司基层领导力培养失败的原因通常有两个：第一个原因是培训没有让员工自由发挥主动性来实践领导力；第二个原因是影响力循环领导力的三个维度缺乏协同。

以前，在这家公司里，员工不肯承担个人责任，从而导致员工之间缺乏信任。新的培训计划着重于两个结果：第一，在整个公司重新建立信任；第二，让公司各个层级的人都能发挥个人的主动性，创造重要的影响力。然而，在整个公司内部培养领导主动性集中在三个需求上。

第一个改革需求是提高整个公司解决问题的能力。马文和萨姆之间的冲突导致工作瘫痪，而瑞安无法解决，如果他们每个人都接受培训，并允许他们主动解决他们面临的问题，那么将来就可以避免发生这种工作瘫痪的情况。

第二个改革需求是改进整个公司的沟通。培训的重点是让个人和团队能够针对观点和信息开展对话。扩大人际沟通范围的好处是，从价值观声明过程开始建立的信任文化能够得到进一步发展。

第三个改革需求是制定创新和流程改进的章程。马文和萨姆之间有争议的问题归根结底是他们谁对这台机器负责，事实上，双方都负有责任，但双方都没有权力解决这一问题。授权员工改进他们自己的工作流程可以提高效率和信任，其结果是该公司的地位得以增强，正与一家大公司商谈并购事宜。

在一个公司中，员工的自信心更多是来自员工和公司的关系，而不是他们做好工作的能力。正如我在大多情况下看到的那样，公司内部的政治现实往往造成员工缺乏信心和缺乏信任，因为员工们认识到，做好自己的工作并不能保证安全。增强员工自信的关键在于让员工自由地去做自己的工作，然后为他们提供培训，使他们掌握实践领导主动性所需的技能。

高管们要想消除恐惧文化，就必须采取行动，证明他们重视员工的最佳利益，这意味着每位员工都不再担心自己犯错而没面子。在很多工作环境中，员工感觉自己得不到支持，从高层领导到底层员工都是如此。

在第2章中，紧随着巴里的故事是“只需五步，让员工取得最佳业绩”的内容。这五项措施代表了一个培训计划的目标，该计划寻求在整个组织中逐渐灌输领导力。这五个步骤是：

1. 让员工充满信心。
2. 给员工充分自由。
3. 信任他们。
4. 感谢他们。

5. 尊重他们。

在布莱恩和巴里的公司中，思维模式发生了转变，从交易型文化转变为关系型信任文化。关系型信任文化的影响在于它能够培养出符合影响力循环模型的领导者，这些人可以自由地发挥个人主动性来改变现状。

公司要维持一种以信任和个人主动性为特征的文化，就需要一种能实现影响力的协同结构。我们的第三个协同维度将在下一章中详细介绍。

第 9 章问题
关系维度——构建信任关系

1. 请列出贵公司中你信任的五个员工，然后列出五个信任你的员工。感谢他们是值得信赖的人。

2. 请说明贵公司中的关系文化，并说明你能做哪件事情来加强信任文化？

3. 在接下来的三个月里，你想要改善关系文化的哪个方面？你如何发挥个人主动性来实现这种需求？

第10章 结构维度
——创造重要影响力

20世纪一个未被重视的重大发展是跨国公司的组织结构。想象一下，协调全世界上万人为同一目标而合作，这是现代天才们的杰出作品。这种发展规模值得我们研究。

三百年前，大多数全球化组织都是国家殖民扩张的结果。探险队冒险从欧洲的首都出发去探索未知世界。在离开家园以后，他们只能依靠自己。当时并没有一个遍及全球的通信系统，人们可能要等好几年才会得到他们的消息。在旅途中，他们会遇到生活方式依旧很原始的部落民族。在那个时代，极端贫困、文盲和短暂的寿命都是常态。现在，在21世纪的头几十年里，我们几乎已经消除了极端贫困，全世界受教育人口比率不断攀升，科学家们正在研究人们的平均寿命如何超过一百岁。我们正生活在一个令人惊奇的时代。

今天，几乎所有公司都可以通过即时通信和次日交货将其业务拓展到世界各地，这在半个世纪前是无法想象的。世界正在变小，跨国旅行比以往任何时候都容易，不同国籍的人之间的合作已经非常普遍。

十年前，我与来自四大洲十二个国家的人合作出版了一本关于工作场所士气的电子书。在这本书里，从人们的谈话内容可以看到，我们生活经历的共同点要大于我们民族文化的差异。不管来自哪里，我们本质上并无区别。现在，我把我朋友和家人居住的国家视为第二故乡。其实，这并不是世界真的在缩小，而是我们对生活的看法发生了变化。

我们会很容易认为，我们正在经历的变革让我们的社会更加全球化。这只是部分事实，还有更重要的事情值得一提，那就是发生了另一种变革，标志着从20世纪真正转型到21世纪。

两种全球化变革趋势

我们正在顺利度过转型期，正是由于员工能力和公司实力不断增强，人们有能力做更多的事情，开拓进取，解决千百年来一直存在的问题。在这历史性的转型期，出现了两种全球化变革趋势。一种是更古老、更制度化的趋势，现在已经达到其顶峰；而另一种趋势则刚刚形成，将成为未来的主导趋势。我在前面第6章中描述了集中控制结构和分散关系网络之间的这两种变革力量。

更传统的变革力量是全球治理和金融机构。这些组织是在两次世界大战之后为促进世界和平与繁荣而创建的，这些全球组织之所以成立，是因为世界领袖们缺乏信心，不相信他们的国家能够依靠自己的力量去创造一个和平与繁荣的世界。另一种变革力量来自关系网络，在这种网络中，个人可以最大限度地发挥主动性来创造影响力。数字技术的出现是你、我及世界各地数十亿人互动能力的一个关键因素，推动我们共同致力于改变世界。今天，国家和地理界限已经无法阻碍我们为世界创造和平与繁荣。

这两种力量的相互作用是一个历史性的转型时刻。重要的是，我们要理解为什么会发生这种转型。

全球化整合的力量

在过去一个世纪里，各国促进和平与繁荣的努力纳入全球化公司的过程正在逐步推进。其目的是将社会的若干功能纳入一个通过全球治理和金融机构无缝高效运行的系统，这也是第一种变革力量的体现。

随着这些公司的规模越来越大，经营领域越来越广，它们逐渐疏远了与当地民众的联系。组织规模越大，就越难识别员工、社区或国家的个体差异。不管是否有意为之，该系统的推动力是采用一刀切的办法解决问题。作为一种发展制度，它在当地文化成形的地方取得了成功。

这些组织的局限性在于它们的层级性质。无论层级结构是为1000人服务，还是为70亿人服务，所有层级结构都依赖一小部分领导人，他们拥有知识、技能、智慧和品格，能够做出正确决策，实现他们所服务的选区的最大利益。几千年来，层级结构定义了领导的本质，在那里，我们发现少数领导人统治着他们的许多成员。层级结构的内在弱点在于，层级结构的强弱取决于高层领导人的智慧和品性。

层级结构需要秩序才能成功。要建立大规模的秩序，就需要建立一种能控制数百人或数千人的结构，释放控制权为个人的主动性和协作创造了机会，这是现代公司至少付出一代人的努力正在度过的转型期。在我们今天生活的世界中，每个人都能获得知识、技能、工具，以及在某种程度上个人主动性的资源。今天，通过层级结构来控制你职权范围内的各个方面变得更加困难也更加不确定，因为人们只要在社交媒体上发表意见，即可在一夜之间摧毁一位领袖或杰出文化人物。这种失控是一种转型的标志，在我看来，这种转型是不可逆转的。

个人主动性的力量

第二种变革力量体现在全球范围内的人们希望实现对他们自己和他们所在的社区都很重要的生活和工作的愿望。他们基于信任和合作来采取个人主动行为。他们的关系与全球治理和金融机构内部关系的区别在于，这些关系网络没有机构授权。他们的关系可以自由地形成，在一段时间内发展，然后随着其他关系的出现而消退或解散。

对我们中的许多人来说，这些关系是通过网络社交媒体平台建立的。我们围绕着超越国家和文化界限的共同价值观、关于生活和工作的共同经历和观点相聚在一起。这是我作为全球公民的亲身经历，我们不仅仅是为了一项全球性的事业而团结起来，更重要的是为了实现我们成为有影响力的人的愿望而努力。

这些全球关系网络之所以成为可能，是因为手持设备的技术使得在任何有无线网络连接的地方都能与任何人通信。在全球范围内，阻碍人们在生活中发挥影响力的障碍已经减小到最低限度。因此，关系网络在互动环境中蓬勃发展，我们可以在生活中互相帮助。

影响力循环的一条核心原则是，所有的领导力都是源于个人的主动性，其目的是为我们当地社区的利益创造影响力。从现在社交媒体构建的关系来看这个理念，很明显，我们在认识到建立无边界全球关系的价值方面还处于初级阶段。我认为，这是因为我们刚刚开始认识到我们的生活可以由我们的行动，而不是由我们与某种意识形态或运动的联系来确定。

中国艺术家和活动家艾未未恰如其分地描述了这种现代生活视角："你的自身行为向世界展示了你是谁，以及你所认知的世界是什么样子。"这就是我们正在经历的转型，它引领我们进入一个超出我们祖辈想象的全新世界。通过数字技术将我们联系在一起，我们可以找到所需要的建议、资源和动力，在世界上发起积极的变革。

我们的许多个人主动行为都是在没有得到关注的情况下进行的，比如以下行为：

- 送给饥饿的人一顿饭。
- 在学校、体育馆和青年俱乐部项目中进行辅导。
- 通过宗教集会和社区非营利组织在当地社区提供志愿

服务。

- 制订培养和发展新企业领导者的创业计划。
- 作为活动策划者和顾问将人们聚集在一起，为当地项目筹集资金。
- 召开咖啡座谈会，以增进社区的理解并解决问题。

上述任何一种情况都始于个人主动性，然后通过地方和全球层面的关系网而不断发展。

对公司来说，无论是大型的还是小型的，无论是地方性的还是全球性的，员工的品性正在成为领导力的决定因素。当我们发挥领导主动性去解决问题、跨机构合作或创造新的工作流程时，我们就是在采取行动创造一个更美好的未来。当一个公司鼓励并创造空间让员工发挥个人主动性时，能量和生产力就会得到释放。员工身上隐藏的潜力就会被挖掘出来，以促进业务发展。领导力不是组织结构中自上而下的职能，而是一种自下而上的领导力文化，用于界定公司或社区。

我们正处于全球化社会的巨大转型之中。存在了几千年的全球社会的层级制度正在发生转变：我们每个人都可以通过担任地方社区的领导者或者与世界各国人民建立关系来创造影响力。

全球领导力转型：赛吉的故事

我们最开始是通过一封电子邮件沟通，然后又打了几个Skype①电话。赛吉是中非国家的一个全球非政府组织（NGO）的中级发展官员，他每天的大部分时间都在与当地村庄的人们一起从事水利项目。

赛吉在网上看到了影响力循环模型图，他想知道如何通过个人主动性和关系网络来解决他的问题。当我们交谈时，我意识到赛吉是他所在组织中的一个转型期领导人。他并不完全认同组织的管理方式，他认为问题与他在乡村共事的员工不相关，而在于他所在组织的运营方式。该组织内部有一种领地自豪感，因此，他们只是在职责范围内合作。赛吉的看法则不同，他注重他的水利项目能给偏远村庄带来的影响力。如果另一个非政府组织能提供帮助，他会全力支持。

从影响力循环的角度看，赛吉所描述的问题是由其结构所确定的组织宗旨与其试图创造的影响力所确定的宗旨之间的冲突。实际上，二者之间并不冲突，而是互不相干。该非政府组织依赖于赛吉这样的人，因为赛吉总是在需要的时候积极发挥

① Skype：这是一款即时通信软件，其具备IM（智能制造）所需的功能，比如视频聊天、多人语音会议、多人聊天、传送文件、文字聊天等功能。

个人主动性。而我们的谈话也集中在赛吉如何在他的职责范围内主动地走出他的非政府组织，为他指导的项目找到解决方案。

赛吉在他的开发工作中取得了成功，因为他把这个问题作为乡村网络需要解决的问题来处理，他是该区域乡村领导人的协调者和顾问。赛吉之所以卓有成效，是因为他能够处理好一种内部冲突，即他作为组织员工的角色与他帮助员工成长为领导人的能力之间存在的内在冲突。

转型中的全球力量

赛吉的故事说明这种转型带给了那些曾经显赫的传统机构紧迫感。为了关注某一具体问题或机会而兴起的关系网络，在人类历史上是独一无二的。任何管理当局都不允许一群员工联合起来解决某种需求。在2005年卡特里娜飓风后的重建工作中，我非常清晰地看到了这种发展趋势。在几次前往密西西比河墨西哥湾沿岸的旅行中，我亲眼看见来自美国各地的人们背上行囊，远离家乡，搬到那里去帮忙，他们都是主动出现在那里的。在此后的每一次自然灾害中，我都看到了这一点。这些事件还表明，传统管理机构和这些新型关系网络之间的紧张关系是我们需要经历的转折点。

层级组织与关系网络之间的关系并非是一种对立的关系，而是彼此需要。全球化组织需要网络的活力和适应能力，而且，网络需要一种结构，使其影响力能够在其他地方得到持续和复制。我们面临的挑战在于对目标和价值的认知，以及改变我们的组织方式以满足当前需要的能力。

全球治理和金融机构是按层级结构来划分的，领导是一种具有制度权威的组织角色，这是几个世纪以来领导地位的本质。人的身份是通过与层级结构的关系而建立的。我们作为这种群体、国家或组织的成员而结识。个体自我认知的出现是人类历史上的一个新发展。

在层级结构中，影响力或该结构的任何产物都是通过基于一个人所执行的特定组织角色的委托工作而产生。权威来自一个人在结构中的职位，领导是一种自上而下的指挥和控制功能，个人职责通过管理层结构委派和管理。组织的宗旨是关注内部，维护组织的诚信度，该组织的所有方面都为这一宗旨服务。在渐进式变革的时代，基于道德诚信发展起来的现代层级组织提供了社会稳定和经济繁荣。

全球关系网络是通过社会信任关系构建起来的。在关系网络中没有领导者的角色，一个人可以号召或促进网络的形成和运行。领导力在网络内成为人们的共同责任，正如《仆人式领导》一书的作者罗伯特·格林利夫所说，领导是从具有特定知识、经验或专长的员工中选拔出来的。权威来自与从网络其他成员的关系中获得的信任。

在关系网络结构中，社会信任确立了人的自我本真性。网络的目的不在于其自身的诚信，而在于通过网络所能产生的影响力。它的形成是因为某种外在的需要或机遇使人们走到了一起，该结构旨在服务于组织的影响力目标。

在一个组织结构中，网络通常为某一特定目的而存在，并持续一段确定的时间。只要网络是出于某种原因而构建的，那么就会一直存在。在正式的层级结构之外，关系网络作为信任关系的一个功能，帮助员工在理念、资源和组织方面建立联系。从最丰富的意义上说，将这些关系描述为职业友谊并不是没有道理的。

这种全球化结构的转型为传统的层级组织提供了一个具有挑战性的机会。转型期会持续很久，我们不能忽视那些可能超出控制范围的个人主动行为。全球关系网络尽管仍处于发展的早期阶段，但能激发人们对相互联系、共同为世界做出改变的欲望。数字技术和互联网的社会环境推动了这一转型，虽然我们需要理解层级结构和关系网络之间的区别，但我们也需要理解这些关系网络与社交媒体的不同之处。理解这一区别至关重要。

社交媒体与关系网络的区别

我们似乎会认为建立关系网络是最自然的事情，因为人们与社交媒体的关系如此密切。不幸的是，情况并非如此。我们人类对社交媒体的参与就是把我们个人的声音投射到一个喧嚣的大舞台上。这里到处都是噪声，在嘈杂的声音中偶尔会有某个人的声音会被听到。在一个网络中，当我们团结一致实现我们的共同目标时，我们可以谈话、倾听、领导或者追随。二者唯一真正的相似之处是都有人参与其中。

这类网络具有科学性，使人们有可能在传统的组织结构内工作。这类网络的特征之一是中心辐射型设计，处于网络枢纽的人能与周围的人建立联系，而其他人则做不到。这个枢纽把人们聚集在一起，形成一个关系圈。网络的枢纽是连接者，但不一定是领导者。该枢纽创造了一个信任的环境，在那里人们可以采取个人的主动行动，与其他人一起创造共同影响力。

几年前，我写了一本关于职场士气的电子书，目的是培训一家大公司的一群年轻经理。在这种情况下，作为讨论的发起者和推动者，我处于网络的枢纽。我问了一些问题让大家回答，我对那些能够拓展团队思路的问题进行了回复。我们这个来自四大洲十二个国家的三十六人组成的团队为我的培训项目提供了很多重要见解和观点。在我们网络的一名成员的协助下，我为参与者和我们网络领导社区的其他成员制作了这本电子书。

网络结构为我们每个人提供了一个表达个人和社会生活的地方。当我们与处于网络枢纽的人建立关系时，我们是在采取个人主动与枢纽和他们的网络建立关系的方式。如果我们与寻求帮助的人建立关系，我们希望与那些能够加入我们与我们一起致力于实现影响力目标的人建立联系。

如果我们希望与枢纽建立联系，我们可能会这样说："您既然知道我感兴趣的是什么，那么您觉得我应该去结识谁？您能帮我牵线搭桥吗？"通过这种方式，我和一些人建立了联系，这些人已经成为我的同事和朋友。这是建立网络的一个基本策略，通过培养共同信任和目标的关系来成为网络枢纽；通过个人主动性为网络做出贡献，创造影响力，成为其代言人。

关系网络和社交媒体的本质区别是关系成分。在网络中，关系是重点。我们参与社交媒体是为社交定位而建立联系，点赞或发送一个表情符号可能会有也可能不会有任何关系影响。然而，社交媒体的连接特性可以让人们开始一段关系。在这方面你需要有目的性，对我来说，我通过社交媒体结识的很多人都是我主动去见的。与一个人进行一次真正的面对面的交谈是无可替代的。

社交媒体平台上有机会建立关系网络，但没有实现，主要有以下两个原因。第一，建立关系网络需要我们目标明确并付出努力。网络不会自动形成，关系也不会因为我们表达了某种观点就会形成，我们形成关系是因为我们对另一个人表现出兴趣。一个网络一次只能形成一种关系，当一个我们认识的人邀请他的关系网中的朋友来支持我们的理念或目标时，一个庞大的网络就会迅速形成，但这样构建起来的也并非关系，而是可以被用于发挥重要作用的社会联系。直接的关系需要努力建立和维护，而社交媒体则不需要。社交媒体是一个表达社交态度的平台。活动仅限于发帖、分享、点赞或评论，它是关于通过发布一个观点来吸引人们注意力的。如果一段关系是通过社交媒体平台上的一次邂逅而形成的，那么要让这段关系发挥作用还需要一对一的努力。

第二，社交媒体的功能与网络不同。其目的不是形成关系网络，虽然它可以通过制订计划和付出努力来实现。社交媒体平台是营销平台，有些人和公司推销产品，另一些人则通过影响舆论来实现营销。即便社交媒体平台被社交或政治意图所利用，它仍然是一个分享信息和意见的平台。我在这里的观点是，我们不应该被这样的想法迷惑，即我们在社交媒体上投入的精力不应等同于我们在建立关系网络上的精力。它们是不一样的。

要想成为一个影响力循环模型的领导者，发挥个人主动性创造影响力来引领变革，就要求我们把自己的生活与领导力的三个维度进行协同。我们需要清楚我们的价值观和我们的影响力宗旨；我们需要主动建立信任关系；而且，我们需要主动建立关系网络，使我们能够扩大我们想要创造的影响力。领导力既是个人的，也是社会的，这就是布莱恩给他负责领导的非营利组织带来的财富。

转型到网络结构：布莱恩的故事

布莱恩并不是出于想当老板的目的而接受非营利组织执行董事的工作，他接受这一职务是因为他想领导一个团队。问题是，长期以来，该组织一直是作为一个自上而下的、自动式的和具有交易型关系的组织来运行的。前任执行董事颇受员工喜欢，他们清楚地意识到布莱恩将成为一个不同的领导人。所以，他们试图在布莱恩做出改革之前把他赶走。但布莱恩是一位品格和觉悟都值得信赖的领导者，所以他能够在担任执行董事期间处理好这场最初的危机。

该公司面临的挑战在于改变文化。明确自己的价值观是一回事，与员工建立信任是另一回事。最终，你必须领导这个组织。该组织的结构发展远远未达到董事会的设想，因此他们聘用了布莱恩。

他是组织的高级主管，每个项目总监都向他汇报，他希望他的团队成为一个真正的团队，这意味着他必须进行结构上的改变。随着时间的推移，他和他的每一个项目主管都进行了会谈，其结果是形成了一个中心辐射型层级结构。与以前的管理不同，每个项目都将得到平等的对待，项目主管将作为执行组长发挥作用。为了推动各个项目的平等性和所有项目的相互支持，布莱恩每月轮换一次这个小组的负责人。他们组织团队会议，聚焦项目的战略增长，并作为一个全体委员会来解决每个项目中的战略问题。布莱恩担任当然委员[①]，有权否决任

---

① 当然委员：一般情况下，委员应该由选举产生，但是一些有专业能力或者是部门主管人员根据上级或者委员会的主管部门建议或批准不经选举产生的委员，或者有法律规定不经选举或批准产生的委员称为当然委员。

何重大战略变革或开支。他将向工作组提出战略倡议，供其审议。

实行轮流领导的网络结构改变了本组织的文化。每一个问题都被视为以一种新的方式产生影响力的机会，而不是带来抵抗和防御。他之所以能做到这一点，是因为他建立了一个拥有项目和整个组织的团队。他们共同发挥领导力来创造影响力，改变了他们所在城市的体育文化。

未来是关系型的

在我的一生中，我一直在审视、观察、倾听和检查我的设想，改变我的想法，并最终得出一些确定的理念。在此列举其中三个。

第一个理念是，我们都处在转型期。

我确信，我们现在所处的转型期正处于一个很久以来从未达到的水平。数字技术的进步给予我们力量来创造人类历史上从未有过的变革，我们的未来取决于我们的决定。技术的发展是一种进步，但我认为这不是我们的命运，我们可以选择我们想要的未来。

我确信的第二个理念是，我们组织和管理世界的方式将与过去一百年大不相同。从影响力的角度来看，我不认为大型、集中的全球机构在财政上或理性上是可持续的。它们服务于一个价值宗旨，与其他体制形式一样，将会改变或逐渐变得无关紧要。这不是对它们使命的判断，而是对未来组织结构地位的认识。这就引出了我的下一个理念。

第三个理念是，我相信未来属于那些能够建立高质量关系网络的人。这些关系不是契约型关系，相反，它们是具有共同目标的关系，是由共同价值观激励的关系，是具有影响力的愿景的关系。这些网络的关系特性意味着，作为一个具有诚信品格的人将成为信任的衡量标准。从这个意义上说，未来将更加集中和明确地体现个人性和社会性。

这一观点引导我创建了领导力的影响力循环模型。把你的生活和事业与领导力的三个维度相结合，我相信你将能够平衡变革的需要与创造稳定、可持续的生活和工作方式的需要。在一个不断变化的环境中，影响力循环模型提供了一个平台来管理未来将不断出现的理念、关系和结构的变化。

虽然影响力循环模型为领导者及其组织提供了一个简单、实用的工具，但重要的一点是，我们要首先认识到这个世界处于转型期。第4部分将从这个角度来指引我们前行。

第 10 章问题
结构维度——创造可持续的影响力

1. 在贵公司中，你面临的最紧迫的问题是什么？请写下来。
2. 领导力的三个维度，即理念、关系、组织结构，哪一个是你最迫切需要的？
3. 如果你今天要解决最迫切的问题，你希望看到产生怎样的影响？

第 4 部分

转型期世界的领导影响力

第11章 开创并领导变革

当我在20世纪90年代中期开始从事咨询工作时，世界还非常和平和稳定。十年后，恐怖主义和全球经济衰退给世界带来了混乱和战争。我和很多人一样受到了冲击。

“我们无法与您合作，这个项目只能暂停了……很抱歉，我们十分期待与您下次合作。”这条短信以及随后连续几周我接到的五个类似的电话都在提醒我，我的业务环境已经发生了变化。这种事已经不是第一次发生了，但这次的情况则不同。这不仅仅是几个月以来的生意下滑，更是业务关系的终结。

在那些不断变革的岁月中，我发现了一种让人困扰的情况，即我的项目停滞不前表明我的变革方法出现了问题。一个没有明确表达的假设是，一个组织管理变革所需要做的就是削减成本，等待好时机再恢复业务。变革只是一种刺激因素，就像我鞋里的一块小石头。移走石头，一切就会恢复正常。

传统的态度是：我们等待条件的改善。这在过去很管用，将来也会是一样。我认为，对于我们正在经历的这种变革来说，这是一种过于被动的做法。我们已经进入了一个全球转型期，这不是市场的意外事件或自然灾害，这是全世界企业和政府正在进行的结构改革的结果，这种变化需要一种更加审慎和有意识的反应。我们现在所处的时代，因循守旧的痛苦已经超过了变革的痛苦。

影响力循环模型指导着我对不断变化的情况进行评估。我看到的变化不是业绩下滑，而是世界正在发生的根本性重组，这一观点体现在前面所述的有两种全球力量相互推拉作用的观点中。推力是在全球范围内集中管理金融和政府，拉力是将日常生活和工作的结构分散到关系网络中。这是一种变革，要求我们放弃那种认为存在着一种正常和稳定的自然状态的消极观念。

如果我们回顾过去，我们会发现人类历史一直处于不断变化之中。比如，半个世纪前和今天的不同之处在于影响我们日常生活的变革的速度和程度。传统的人类价值观引导着变革。今天，技术进步也做到了这一点。我们正处于人类发展的一个转折点上，从几个世纪的缓慢变革转变为只需几个月或几年就能产生的革命性变革，而这只是我认为我们必须成为变革的创造者的原因之一。

成为变革的创造者

成为一个变革创造者是一种利用特定技能追求影响力的思维模式。不要去问:“用什么方法能让顾客高兴？”而是要问:“我们想为我们的客户创造怎样的影响力？”当我们拥有变革的思维模式时，我们就能发现差异。我们看到我们的行动是如何产生这种差异的，我们针对这种差异进行沟通，以加强我们与客户的关系，我们实施变革以适应客户的需要。通过认识到这种不断变化的差异，我们开始意识到我们总是处于转型之中。特里的故事告诉我们如何去做。

倾听变革：特里的故事

特里有一个批发运动服装的企业，他主要向小型专卖店供应符合其市场的服装。经济萧条使特里的生意遭受巨大冲击，由于客户削减订单或完全关闭账户，特里的库存积压，产品滞销。他开始寻求改变，开了一家小店，为附近大学的学生提供服务。几周之内，他的存货不仅都卖出去了，而且业务完全转变为过去从未销售过的服装系列。

虽然学生是他库存服装的最初买家，但年轻的职业女性成为他新的市场利基。这些女人最初是来买运动服的，但随后她们和特里表达了对廉价时尚服装的需求。特里发现有一些小制造商正在制作少量时尚服装，于是特里也决定尝试类似的做法。他租下了更多的场地，开始推销女性顾客喜欢的尖端设计服装。由于每种款式的数量和尺寸有限，不能重新订购，服装很快售罄。这样，被动购物者就转变为需要把握机会的主动购物者。

特里发现了一个没有得到充分服务的利基市场。他倾听来到店里的女顾客的意见，她们也受到了经济衰退的影响，其收入不断下降，在变幻莫测的环境中举步维艰，基于这种需求特里给她们提供数量有限的时髦廉价衣服。因此，特里的客户源源不断，把一个常见的库存问题变成了一种资产。

特里的故事很典型地说明了影响力循环模型如何为我们解决变革中的问题。他的问题是，其企业的批发结构已经不起作用了。他创建了一家零售店，那只是在他想出更好的计划之前的临时措施。特里的想法是倾听客户的意见，寻找新的机会为她们服务。通过他对新女性顾客的回应，可以看出他采用了一种创新的零售方式，并且重新规划了他的业务。

特里是否只是在正确的时间和正确的地点发现了一个新的

市场？或者特里之所以能够应对变革是因为他懂得如何在其业务范围内协同领导力的三个维度？对我们很多人来说，这并不是那么容易的，我们被我们一贯的工作方式及其所处的组织结构所束缚。一切都是可以预见的，我们甚至不会看到变革的发生，直到它变成一个痛苦的、破坏性的经历。

随着我们思维模式的改变，我们需要一套技能从被动的、抵抗的态度转变为更加主动的、寻求机会的态度。

看清变革的背景

至关重要的是，我们必须理解什么是变革，它是我们生活中活跃的和动态的环境。每一个思想、每一种情绪、每一个行动、每一个反应都是在变化环境中的某个特定时刻产生。每一次运动、观点的转变，或者采取的主动行动也是在变化的环境中发生。

变革无处不在，我们甚至都没有意识到它的存在。变革无声无息地出现，逐渐变得具有破坏性或对我们造成威胁。这时我们才发现它，并想摆脱其控制。变革永远存在，它是我们最好的朋友，也是我们最坏的敌人。

我们需要掌握的第一种技能是认识到我们总是处于转型之

中。变化总是存在，这不仅仅是心理上的一种提示，它也能让我们准确地看到当下发生的是何种类型的变化。比如，我是否预料到我的客户会退出我们计划好的项目？我一点也不感到惊讶。我周围都是我认识的人，他们的生意陷入了危机。特里是否预料到他的客户会关闭他们的账户？他的回答表明，他很清楚一切情况都有可能发生。

我们能看到我们正处于一幅宏观的变革图景中，我们能看到变化总是伴随着我们。这就需要我们作为变革创造者应该掌握第二种技能：情境意识。

情境意识

要看到变革的背景，就是要认识到我们始终处于变化之中，变化永远伴随着我们。我们遇到的每一种情况都是一个变化的环境，每个电话、每次见面、我们写的或读的每一份报告、我们创建和签署的每一份合同、我们雇用的每一个员工、我们解雇的每一个员工、我们每天做的每一个方面的事情都是在变化的环境中运作的。在每一个变化的环境中都存在着变化的可能性，这就要求我们培养情境意识。

想象一下，当特里意识到这些年轻的职业女性正在为他提供一个发展新的客户网络的机会时，他那一刻的想法是什么。如果他脑子里想的都是清理他的运动服装库存，可能那个非常时刻的想法就会轻松溜走。但那不是特里，他在与客户的每一次接触中都看到了一系列对客户和他本人产生有益影响的可能性。

最初，当那位来商店买网球裙的年轻女士向特里打听某位服装设计师时，特里没有说不知道，而是说：我会弄清楚的，然后再给你回电。他联系了设计师的公司，他问那位设计师是否能得到一件衣服的样品，从那一刻起，他的新生意便发展起来了。

要在变化的背景下了解情况，就需要我们抛开对变革的恐惧、维持舒适的愿望和缺乏自信的情绪，这样我们就可以让自己探索生活和工作的新领域。我们不要关注我们的内心想法，而应关注外部形势，把每种情况都看作是一个改变现状的机会。

具有情境意识意味着我们建立了一个框架，一种思维定式，帮助我们解释我们所看到的正在发生的事情。这就是为什么我们要清楚自己的目标、价值观及我们想要创造的影响力是很重要的，这些理念确定了我们在与他人的交流中到底想要得到什么。当我们清楚这一点时，我们在社交场合就很容易对人们产生影响。我们不会站在那里不知所措，相反，我们知道我们想要在那一刻产生怎样的影响力。我们要创造变革，成为有影响力的人。

在变化的背景下保持情境意识就是我们要有自己的需求。情境意识意味着我们在寻找机会，不是随便做任何事情，而是去做一件能实现我们的影响力目标的事情。

机会可能是一个未被满足的需求，就像特里发现的那样，或者可能是两个人之间发生的冲突，或者可能是一个管理不善的客户危机的解决方案。无论是哪种情况，我们都清楚我们可以改变现状。在很多时候，我们找不到解决方案，但我们知道有人能解决。所以，我们建立联系，改变了事情的发展。

如果我们决定改变我们的生活现状，那就意味着变化的环境中充满了创造的机会，而不是障碍。我们在生活中的许多瞬间都能发现机会，变革不仅仅是一个混乱和迷失方向的地方，也是我们通过行动发现自己真正潜力的地方。

创造变革就是创造影响力。当我们这样做时，就实现了领导力的三个维度的协同。当我们对影响力循环模型的认知从抽象图表转变为对于自己在机会来临的时候能创造变革的直觉意识时，我们就能轻松实现目标。这样就可以让我们更加敏捷和灵活地应对过去可能会因恐惧或自我怀疑而导致停滞不前或颓废的情况。

变革的速度

变革发生在环境中，也发生在时间中。正是因为这样，我们感受到了变革产生的影响不是我们行动的产物。我们需要的第三个技能是如何在瞬息万变的环境中行事。

很多人都想放慢变革的速度，他们觉得他们需要时间去适应一个新的地方。我了解到，当我们有越多的时间去改变，我们就有越多的时间去感受恐惧、焦虑和自我怀疑。我们开始质疑我们的决定和动机，甚至包括我们对待事物的看法。如果试图减缓变化，我们最终会使变化过程变得更加复杂。

如果特里对于是否应该进军女装零售业务犹豫不决，他可能会错过一个暂时无人察觉的市场良机。并不是说变革不需要思考，相反，只有经过深思熟虑才能确定一个决策是否正确。事实上，我见过很多这样的情况：过度考虑一个决定会导致个人或组织失去正确的洞察力。

失去洞察力就是忘记我们为什么要做自己该做的事。我们不再关注我们所影响的积极结果，而是开始担心消极的结果。如果我们让恐惧支配我们做决定，我们将失去信心。我们对变革的大多数问题不是关于变革本身，而是对能否有效地贯彻执行我们的决定感到不安。当我们过度思考时，我们相信完美的计划会给我们所需的信心，但它很容易让我们陷入决策瘫痪。

对变革的自信并不是来自我们克服所有障碍的内在动力，它来自做出决定并成功地贯彻执行这些决定的经验。换句话说，自信来自为实现我们的影响力目标而创造变革的行动。

这就是为什么影响力循环能够为观点和行动提供基础。当我们将四个关联理念整合到一个我们想要实现的影响力愿景中时，我们就确定了一个目标，即我们需要通过多个转折点和必要的决策来支持我们。明确影响力的目的简化了我们的观点，我们不用担心自己的决策是否正确。相反，我们基于自己的目标，满怀信心地采取行动，我们可以在短时间内多次做出决策和采取行动。

尽管如此，我们还是很难理解这样一个观点：我们越想快速变革，越感觉过程缓慢。我是这样理解的：当我们推迟做出决定时，我们希望我们的决策能包罗万象，并彻底实施尽职调查。在许多决策领域中，这是可取的，例如在一个重大的财务决策中。但是，我们的大多数决策并不需要进行一个绝对的万无一失的考虑，相反，在许多情况下，在我们采取行动之前，并不知道我们的决策是否正确。

我发现，当我们花费过多的时间思考一个变革过程时，我们的观点往往不会变得更清晰，这反而让我们更优柔寡断，更加不自信，我是从一个变革的完美主义者的视角来说这些的。我认识到，这些变革的决策几乎没有绝对正确的，都可以通过下次决策来进行修正或改良。

当我们意识到必须变革时，我们应该尽快行动。因为在较短的时间内，我们就会去考虑另一种决定。通过行动和前进，我们从寻求完美的答案转变为熟练适应不断变化的环境。让我们学会适应变革速度的能力是敏捷性。

有了敏捷性，我们开始看到我们所经历的转型是如何联系在一起的，我们开始认识到变革的连续性。因此，当破坏性变化开始影响我们时，我们开始找到我们以为已经丢失的东西。通过一系列变革，我们增强了信心，随时准备发挥主动性来创造影响力。

当我们意识到必须变革而立即采取行动时，就消除了曾经的焦虑、恐惧和自我怀疑。我们不停地做出决策，不断增强信心。没有了这些矛盾的情绪，时间就会变得平缓，似乎放慢了脚步。

创造变革的号召

20世纪80年代中期，我在佐治亚州的亚特兰大市加入中城联盟董事会时，第一次感受到了领导力的影响。我有生以来第一次接触到了影响力的贡献者、合作者、传播者和创造者。这些人对我这个年轻人的影响非常大，激励我把毕生的精力都投入到能创造影响力的领导力上。

影响力循环既是一个领导力模型，也是一个创造变革的模型。事实上，这两方面同等重要。没有变革，就没有领导力；没有领导力，变革就会具有破坏性，而且迷失方向。

很多人都会问："我如何改变我的生活？我需要做什么才能成为一个变革的创造者？"我推荐大家在本章末尾回答一些问题，以明确如何创建一个具有领导力影响的生活，我称之为"五大影响力问题"。如果我们能定期问自己这些问题，就会产生最佳效果。例如，我们可以每周花15分钟问这些问题。随着时间的推移，你会发现自己对如何利用时间和获取怎样的结果的认知会逐渐发生改变；你会发现自己内心会产生一种使命感；你会清楚地看到自己的生活发生了什么，而以前你却对此毫无察觉；你会发现自己的工作目前正处于转型期，你需要做出改变以朝着新方向前进。

我的建议是，当你浏览这五个问题时，你要以开放思维来回答每个问题，并且把答案记录下来。当你第一次问问题的时候，只需要花五分钟，快速回答。然后在一两天后再次回答问题时，这次可以花更长的时间。这样做的原因是，当你经历日常生活的时候，你的思想和情绪会变得对这些问题敏感起来。当你坐下来花更多的时间回答问题时，你就会能更深入地思考它们的含义。

这个提出问题和使用影响力循环模型的流程可以激励你采取行动、实施变革。

第 11 章问题
五大影响力问题

1. 我的生活和工作发生了哪些变化？我是如何进行转型的？

①我如何从过去转型到未来？

②我的自我认知、人际关系、生活和工作结构分别发生了什么变化？

2. 我产生了怎样的影响力？

①我通过理念、人际关系，以及生活和工作结构产生了怎样的影响力？

②我将来想要实现怎样的重要变革？

3. 我在影响着谁？

①我本人和我现在所采取的行动对谁影响最大？

②我怎样才能扩大对他们的影响？

4. 我现在有什么机会？

①我正在创造的影响力会给我带来什么机会？

②我应该针对哪些机会立即采取行动？

5. 我制造了哪些问题？我面临哪些障碍？

①有哪些问题或障碍阻止我发挥个人主动性来创造影响力？

②哪种问题或障碍最为关键，并且需要立即解决？

③我如何创建一个变革过程来解决这种问题或障碍？

第 12 章 创建领导力文化

当我们无法通过过去来准确预测未来时，会发生什么？我们中的一些人更喜欢固守过去已被证明的方式，将未来视为是对我们既定安全体系的一种威胁并进行抵制。还有一些人是机会主义者，他们试图采取另一种方式来捍卫过去，希望它能持续到未来。即使他们清楚未来的变革会给他们带来好处，他们也这样做。他们的理由是，过去是已知的，更确定、更安全、更稳定、更舒适——直到这些都消失为止。他们这种拿过去来应对未来的方式比那些因循守旧的人的做法更难以预测结果。

我们的世界正处于历史性的转型期。对一些人来说，他们过去取得的成就反而阻碍了他们未来的成功。他们无法超越自己过去的经验来预见未来，一如既往地继续处理问题和运营业务；他们曾经的强势地位正在削弱，因为曾经的特权地位使他们很难适应正在发生的变化。他们想知道哪里出了问题，于是就去谴责别人或社会，因为他们看不到自己的选择才是失败的根源。

我们很多人正在经历这一历史上的转型期，这是一个混乱和迷茫的时期。过去一个世纪以来，我们赖以获得力量和稳定的社会和组织结构似乎不再那么稳定。我们听到一些领导者哀叹世界秩序的终结，因为他们看不到自己也处在转型期。像许多人一样，他们没有看到变革本身就是机遇。

转型期的一个特别标志就是，我们在憧憬未来时，往往依靠过去来预测未来。在21世纪头十年的全球经济衰退期间，我尤其看到了这一点。人们并没有看到这是向新时代的转型，那只是一段难以忍受的痛苦时期。我们对未来的看法是回顾性的，而不是前瞻性的。我们可以想象我们未来想要什么，只是作为我们过去拥有或没有拥有的一个反映。但是，如果我们看不到我们的生活和组织的条件正在发生变化，那么我们的前进道路就会变得模糊。

我认识到以结构为中心的组织正在发生变革。对变革的抵制使我们很难将第6章和第10章所描述的集权和分权这两种全球力量之间的紧张关系视为理解未来的关键。如果我们能认识到发挥个人主动性进行变革的机会并不依赖过去的主导结构，我们就不会被我们过去的决策所束缚。

还有一些人在过去从未获得成功，而对他们来说，正在发生的变革被认为是解放到一个充满机遇的新世界。他们利用数字时代的所有新工具来建立不依赖传统结构的关系网络和企业。对他们来说，世界正在经历的变革能够推动建立一个前所未有的成功未来。

当我们把变革看作是一种转型时，就能理解这种转型的发展趋势。时间不再是奢侈品，长期的发展趋势会产生问题，因此，我们每个人都需要灵活和开放地利用当前的机会。当我们意识到必须实施变革时，就要立即采取行动，这种转型始于我们自我认知的改变。我们能拥抱未来，就是认同我们每个人现在都可以成为具有领导影响力的人。

例如，再也没有人真正相信英雄式的领导了。我们不再期望我们的领导者在战斗中是无所不知的、明智的和果断的。相反，如果我们的领导者诚实而勤奋，不去犯愚蠢的错误而使我们的生活陷入困境，我们就满足了。这并不是说我们现在对社会领袖有了更多的了解，更重要的因素是，世界发生了变化，我们过去所称颂的那种领袖风范已不足以应付我们所面临的挑战。

以前，每个员工与其组织的关系都是通过结构来调节。职位和部门结构决定了你做什么，你可以和谁交谈，企业是以一种直接的方式运作，每个人都知道自己的职位和预期职责。如今，我们已发展到信息和计算机的时代，智能手机和云技术正在改变组织的运作方式，它们脱离了传统意义的结构，更具开放性和关联性。现在人们重视人际交往的技巧，个人互动正在取代结构边界的形式。然而，有多少领导者对此有所准备?

以前，组织结构决定了追随者与领导者之间的关系，而现在，领导力倡导者的网络结构正在改变着组织。因此，个人改变生活现状的可能性越来越大。

释放人类蕴藏的潜能

在过去的半个世纪里，许多领导力文献都充斥着简单的和鼓舞人心的想法，为改良组织提供了策略建议。问题是，简单的想法往往并不实际，它们可能具有鼓舞性，但脱离实际。当我把领导力描述为始于个人的主动性时，那是一个简单的想法，可能并不是很明确，但我可以让它变得鼓舞人心。另外，复杂的想法需要结合实际才能更好理解。在我们不断变化的自我认知中，我们需要明确自己已经在学习掌握这些复杂的情况。

如果我说“领导者发挥主动性，通过理念、关系与社交和组织结构创造影响力”，我提出的是一个更复杂的理念，可能会让你驻足沉思。这种对影响力循环领导力的阐述要求我们深入看待问题，而不是简单和肤浅地观察表面事实。当我们感到不安全时，简单的理念验证了我们对世界的看法，复杂的理念要求我们更深入地研究事物为什么是这样的，以及如何在这种复杂的情况下工作。我们可以通过这些情况来发现简单实用的理念，这些理念可以指导我们前行，我们已经每天都在这样做了。影响力循环模型是一个可以帮助我们做得更好的工具。

我认为每个人都有可能成为领导者，不管他们是谁，不管他们的生活状况如何。这并不是理想主义，我的理论都是通过观察而总结出来的。我看到人们已经采取了个人主动性来改善他们办公室的运作方式，有些公司在努力改善与客户的关系，所有这些默默付出的领导者可能不会因此得到表彰或升职。他们这样做是因为这符合他们的价值观，他们成为有影响力循环的领导者，他们的企业和社区因为更完善的结构而受益。

我多年来合作过的许多企业都有衡量其流程效率的方法，但是几乎没有人能想到衡量员工潜力的办法。当我问他们这样的问题："你们员工的潜力有百分之多少被开发出来？"他们不仅无法回答，甚至不知道从哪里开始寻找答案，他们并未将"未实现的潜能"设定为衡量对象。如果你都不清楚你的员工的潜在影响力是什么，那么你怎么知道公司的潜在影响力是什么？潜力是一个可衡量的内容。你如何衡量你的业务的影响力？你如何衡量你的企业文化是否能让员工自由追求他们的潜在影响力？由此，我们可以把握未来图景，而不是简单地复制过去。

谁、为什么和如何做：罗伯塔的故事

罗伯塔是当地一家非营利组织的执行董事，该组织的董事会一直矛盾重重，每月一次的董事会会议在讨论每一件事情时都会爆发一场大战。当我们第一次见面时，董事会的一位成员告诉我目前董事会分歧很大，他对其他董事会成员的固执感到非常沮丧。我问罗伯塔有什么看法。

"他们都各自为政，每个人都固执己见。他们都很重视员工。但这对他们来说，他们的行为太过自我，因此无法理解其他董事会成员的想法。"我问是否有某位成员具有更广阔的眼界，她无奈地摇了摇头。

罗伯塔所述的董事会问题十分复杂，她的问题是三个维度的不良组合。理念方面的问题是董事会成员对本组织的价值观和宗旨未达成共识。程序结构被视为全部，用于董事会成员个人议题的公开表达。

关系问题是董事会成员彼此讨厌、拒绝合作。他们只想让别人同意自己的提案，并按照他们自己的方式行事，彼此缺乏尊重和信任。

董事会的结构也存在问题。董事会充斥着冲突并且缺乏合作，一半的董事会成员不想改变，另一半则只想改变，罗伯塔左右为难。正如两种关于变革的观点所表明的那样，董事会正处于转型期。如果缺乏明确的价值观和信任文化，这种结构就无法适应社区中影响其功能的不断变化的情况。

这种情况并不少见。在小型和大型企业、专业实践机构、非营利委员会和地方政府机构中，行政领导都会面临“谁来做、为何做和如何做”的问题。在罗伯塔的案例中，董事会成员不知道他们自己是谁，董事会为什么重要，或者他们如何发挥作用以为组织带来最佳利益。在过于复杂的组织情况下，复杂性会产生个人主义。我所说的个人主义，是指个人内化他们的参与并专注于他们自己的个人利益。它简化了复杂程序，但它是否将组织定位为追求影响力呢？

罗伯塔将她的主要问题定义为如何统一董事会，让每个成员超越自己的个人主义想法去思考问题。问题的复杂性在于，董事会未能协同领导力的三个维度，每个维度都处于危机之中。她想知道她应该从哪里开始着手？

罗伯塔不能解决董事会问题，除非她能找出整个组织的问题。她需要一个框架，可以帮助她看清自己的整个处境。影响力循环模型提供了相关方法。对罗伯塔来说，她需要从她自己与公司及其董事会的关系着手。作为行政领导，她必须清楚她的价值观、她在结构中的地位，以及她对完成这一变革过程的承诺。

罗伯塔需要问自己“谁来做、为何做和如何做”的问题。

- 她作为这个组织的执行董事的角色是什么？项目主管、变革推动者，还是董事会治疗师？
- 她在组织内部的真正角色是什么？不是她被雇用来做的角色，而是在运营这个组织的日常事务的角色。

这些问题涉及21世纪行政领导地位的动态变化。这种领导力既是个人的，也是社会的。她需要问：

- 她为什么要为这个组织服务？她是否对组织的使命有

个人的承诺，或者在一个新的机会出现之前，这是一项她擅长做并且乐于做的工作？

- 她与董事会、员工和社区的关系是否能给她带来克服当前问题的希望？还是社会功能失调，只有通过解散董事会并选举新董事会才能解决？

这些问题深入探讨了已经不良运行了很长时间的组织文化结构。

她如何去领导一个功能如此紊乱的组织呢？她从哪里开始？领导力的三个维度中，哪一个维度代表最重要的变革需求？

上述问题直接关系到行政领导的未来。协同三个维度的目的是创造领导影响力的文化。影响力文化的特点是目标明确，各方相互信任，以及专注于创造重要影响力的敏捷组织结构。如果缺乏协同性，基于过去领导决策的现有结构形式就会抵制寻求影响力的想法。结构不会抵制变革，员工们会抵制变革。这些结构代表着传统的势力与权威，对它们的维护已成为本组织的既定宗旨。

罗伯塔所在组织出现的混乱状况标志着该组织正处于转型期。她们面对的是变革还是毁灭？或者说只有那些非董事会成员但坚信组织使命的员工才代表着组织的未来？这就是罗伯塔面临的挑战。她首先要认识到自己是一个领导者。选择原地踏步，等待下一份工作的到来，还是胸怀大志，在这个转型时期成为一个具有影响力的领导者？她需要做出选择。

成为一个具有执行力的领导者：琳达的故事

琳达是桑德拉的首席助理，桑德拉是一个成功的行业研究小组的老板。根据琳达和我采访的其他员工的说法，桑德拉是一位经常琐事缠身，疏于公司管理的老板。外部的商业和社区利益占据了她的全部时间，大家认为她对研究组面临的挑战感到焦虑。琳达与客户有更多的日常互动，她告诉我，客户想让桑德拉更多地参与到公司的管理中来。琳达看到公司正处于十字路口，有向新行业拓展的机会。琳达认为，问题在于桑德拉不重视发展新的客户关系。

在我采访琳达的时候，她告诉我她已经和桑德拉就收购公司进行了初步洽谈。琳达的丈夫刚刚卖掉了他的工程公司，他还没有做好退休的准备，所以正在寻找一些新的事情来做，拥有一家技术研究公司的想法很吸引他。琳达的丈夫可以帮助她管理公司，而她则可以发展与现有客户的关系，并逐步发展新客户。

影响力循环是一个指南，指导像琳达这样的人如何从一个员工晋升到行政领导。领导力的三个维度中的每一个维度都会对琳达和组织的员工产生影响，她的自我认知从一个员工变成了她们的老板。员工不得不适应琳达在企业中的新角色，因此他们的自我认知也发生了变化。

琳达和她的员工之间的关系将会改变，这就要求琳达清楚她对员工有何种期望。她曾与这些员工们共事，这对于某些员工来说可能是个问题。他们可能会觉得琳达知道一些他们的私事，使他们在与作为老板的琳达的关系中处于不利地位。琳达需要清楚地表达自己对员工工作的期望。

琳达和她的丈夫需要清楚了解公司未来应该如何运作，特别是在桑德拉掌权期间需要改进的领域。在这次业务重组中，琳达和她的丈夫需要明确公司的价值观和目的，通过创造影响力，为建立一个影响力循环的领导文化打下基础。

每个想要在生活和工作中取得重要成就的人都必须解决领导力的三个维度的问题，罗伯塔和琳达在她们的组织中都面临着挑战性问题。罗伯塔面临的问题是在组织经历长期转型期时如何协同组织；琳达面临的问题是如何创造一种文化，让公司在她的领导下发展。

向领导文化过渡?

罗伯塔和琳达的组织都处于转型期。无论她们在过去发生过什么，都不足以解决未来经营企业的复杂问题。她们必须关注创造影响力，构建一个富有领导力的文化。

我的第一个领导角色是在一个小型社区非营利组织工作，该组织在过去十五年中萎靡不振，几乎没有任何发展。我曾想让公司发展壮大，但员工们认为公司的黄金岁月已经过去了。员工们非常自豪和满意地回顾了他们做出妥协的特定决策时刻，但这种时刻并不能让公司得到发展，反而限制了它的发展。

行政领导者面临的一个转型问题是，一个人的管理专业知识可能不足以领导组织，需要拥有领导力文化的新技能。

领导力影响力循环模型为我们指明了领导力影响需要什么样的文化。所有的文化都是人类的文化，它们是围绕着人类的信仰和实践而产生的。对于我所描述的组织，或者像罗伯塔和琳达领导的组织来说，要求员工改变自我认知。

没有人是抱着被要求成为有影响力的领导者的期望被录用或加入的。他们最初的感觉是，他们被雇用来做一系列工作。当每一项工作完成后，他们就可以回家从事他们真正喜欢的活动。现代组织中的人类文化已经发展成为一种管理活动的虚拟流水线，我们只会完成别人要求我们做的事情，因为这份工作伴随着社会的期望，但这不是一种领导力文化。

影响力循环是领导力文化的模型，它把每个人的注意力都集中在他们想要创造的影响力上。当公司员工同意为实现其影响力而努力时，信任关系就会增长。信任与合作的关系产生于共同价值观的实践，我们一起设计一种组织结构，以产生我们所寻求的影响，这才能组成一张影响力循环的协同图。

当员工处于一种具有领导影响力的文化中时，他们的观念就会发生变化，他们会把自己看作是一群具有影响力的领导者。他们开始关注他们在生活和工作中所能创造的影响力，他们的生活并不只是完成日常工作，而是关注每项工作和活动所带来的变化。

影响力循环的领导力文化应从组织的最高管理层创建。因为如果执行团队和员工之间存在分歧，文化就永远无法形成。领导力文化的发展是适应不断变化的世界的一个步骤。

影响力循环的领导力文化培养了一种影响力愿景，这种愿景不仅可以展示个人或公司的影响力，而且可以展示整个社区创造影响力的潜能。下面的故事讲述了一个人通过创建影响力循环模型的领导力文化，为他的公司和所在城市的人们创造了一个变革性的环境。

创造有影响力的文化：克雷格的故事

克雷格在当地拥有一家连锁家庭餐厅，与全国连锁店竞争，这些连锁店包括全天供应鸡蛋和煎饼的快餐店，以及专门供应汉堡和牛排的连锁店。他也知道，他无法与巨额投入的全国连锁店进行竞争，所以他转移了方向。他希望人们来到他的餐厅时感觉就像回到家一样，他采取措施以吸引家庭和团体，他设置了可以坐6～8个人的大隔间，他在每个餐厅都配备一个会议室，免费供公众团体使用。他已经招募并培训了他的服务人员，让他们亲自与公众联系。他希望当人们走进他的餐厅时，即使是第一次来也能有宾至如归的感觉。

他为什么要这么做？因为他对影响力有远见卓识。在他的第十家商店达到预期的盈利水平后，克雷格和几个合伙人一起买下了当地的小联盟棒球队。他从市里谈成了一份位于市中心的棒球场的长期租约，他们达成的部分协议是，市政府将为球场周围的多功能商业和居民设施开发投入启动资金。他在体育场附近建了一家餐馆，每周7天，每天24小时营业。他发展影响力的目的并不仅仅是增加店面，他的更大愿景是对城市产生影响力。

克雷格的首要核心价值是充沛的精力。对他来说，个人的精力是宇宙中的积极力量。他雇了精力充沛的人，他让精力充沛的员工迎接顾客，希望他的餐厅能营造一种快乐积极的氛围。他相信，如果他们喜欢这些食物，而且价格合适，他们会成为回头客。

克雷格与球队的大联盟俱乐部谈判了一份新的推广协议。在赛季期间，每个月都会有一位退役球员来镇上进行赛前青少年棒球技术训练。

克雷格的愿景并不是成为一个小联盟棒球队的老板，这只是他实现城市影响力目标的一步。他的愿景与他所在城市的未来有关，尤其与年轻人息息相关。

当克雷格接手球队的时候，小联盟公园已经老旧破败，而且没有很好的配置来进行任何其他的运动。棒球场后面是一大片空地，这里曾有一家工厂。他的计划是建立一栋体育综合大楼，旁边配置一个全新现代化的棒球场和一个足球综合体育场。

克雷格的计划是占据城市的一角，让它重新焕发活力。为此，他创建了几个项目。他组建了棒球队，翻新了棒球场，开了新餐馆，并建设了供孩子们锻炼的足球公园。随后，他打算让一支小联盟的足球队在已被挪作他用的球场上比赛。克雷格在他的家乡创造了一个充满活力的城市中心。

克雷格之所以有这样的愿景，是因为他倾听了员工的意见。克雷格每个月都会在他的餐厅与员工会谈，他来这里是为了倾听和学习，员工的活力不断激励他去影响社区。

当一些为克雷格工作的妇女谈到她们的儿子和女儿因在城市里无法找到好工作而陷入困境时，克雷格的转折点到来了。克雷格认真倾听，并询问了一些问题，开始形成具有影响力的愿景。他很清楚他的第一步是要在城市中间创造一个充满活力的中心，来吸引人们进入城市。自此，新餐厅、小联盟球队、足球综合体育场都逐步建成。

然后克雷格决定，这不足以在城市创造新的就业机会。他决定创建一所商业学院，教授年轻人经营企业的基本知识。他的愿景是从他所在的城市找到有活力、有动力但所获机会少的年轻人，指导和教授他们经营企业的技能。这不是他一个人能完成的事，他创建了一个非营利组织，将当地的商业和教育社区聚集在一起来参与其项目。克雷格知道，如果他能找到那些精力充沛但缺乏成功所需技能的人，他就可以培训他们。他常说：“生意很难做，但只要你有精力，就有可能做好。”

克雷格是一个影响力循环的领导者。他的餐厅都是具有影响力的餐厅；他的球队里满是具有影响力的棒球运动员；他的足球场满是具有影响力的青少年足球队；他的商学院正在培养一批具有影响力的未来商业领袖。

克雷格的商业领导方式是审视他的影响力能在多大程度上改变他的社区。影响力循环领导力的核心原则之一是“从小事做起，逐步发展”。克雷格就是这样做的，他从一家餐馆起步，现在拥有了一系列企业，这些企业正在影响着他所在城市的生活，因为他采取了个人的主动行动来改变现状。一直以来，他都忠实于他的核心价值观，即员工的重要性和创造一种能量文化。他坚持采用一个每个人都能理解的简单实用的计划，并与他遇到的每一个人分享。克雷格的愿景超越了现在，超越了他努力实现的结构，看到人们在他的家乡受到更好的影响。他的贡献是在他的社区内创造了一种文化，在那里人们可以学习、成长、参与，并为使他们的城市变得更好做出贡献。

这是一幅影响力循环的领导力文化的全部潜能的图景。这只是第一代，克雷格的一代。当一个人或一个团体协调自己来创造影响力时，他们就可能实现自己的目标。这就是影响力循环领导力的承诺：任何人，无论他们是谁，都可以采取个人主动性，逐步前进，改变世界。

第 12 章问题
创建领导力文化

1. 你是一个影响力循环的领袖吗？如果现在可以的话，你最想创造的影响力是什么？
2. 阻碍你主动迈出第一步的主要障碍是什么？
3. 你相信谁能和你一起努力去改变现状？你为什么不邀请他们加入你呢？

第13章 在全球范围内采取地方行动

把每个地方都当作本地

两个来自天涯海角的人，没有任何共通之处，然而，双方互致谢意后，所有差异都消失不见。我曾遇到过这种具有讽刺意味的时刻。我曾经环游了半个地球，为的是改变难民的生活，而照片中的这个人却在改变我的生活。这个人让我明白，个人领导力总是发生在当地社区。

很久以前的这段经历使我认识到，我们个人主动行动的地方属性对创造影响力的重要性。1981年7月，在一个炎热的下午，我与图13-1中这个男人邂逅了两分钟，那次相遇至今仍影响着我。他是一名阿富汗难民，他们全家一起逃离他们在阿富汗的家园，越过开伯尔山口，来到巴基斯坦西北边境的沙漠平原。他们是军事冲突的无辜受害者。这一天，我

图 13-1 对我十分尊敬的阿富汗难民

们的难民援助队带着食物、衣服和帐篷来到他的贫困家庭安置点。

我并不知道他的名字，但他微笑着走到我面前，握着我的双手摇了摇，然后他伸手抚摸我脸上的胡须。我那时太年轻了，不懂得去表示感谢。那天晚上吃饭的时候，我们的组长戈登告诉我，他是在用阿富汗传统的致敬方式来表达感激之情。

他表达感激之情的方式从两个方面影响了我。一方面，他的感激之举给我留下了深刻的印象，让我看到不同文化的人是如何找到和平与和谐的。另一方面，我对世界的认知也发生了变化。这段经历提醒我，每个地方都是某人的地方社区。当我们在地方层面上相互联系时，世界就会改变。

几年前，我与一个网络领导社区就职场士气问题进行了一次讨论，这个话题与我们每个人在本地的生活息息相关。我们来自世界各地，我们在一个分散型关系网络中一起工作。即使几年后，我们的网络仍然存在，甚至无论将来的发展趋势如何，社交媒体都不是我们关系的依存之地。我们之间的关系既具有地方属性又属于全球范畴。

我们是一支新兴的全球化力量，人们相互联系，跨越社会、经济和国家界限来创造影响力。这是一个影响力循环模型。

不断变化的结构

一个世纪前，在第一次世界大战结束时，国际联盟作为第一个全球机构成立。它的形成是因为人们认为世界各国自身无法避免再次发生世界大战并且创造全球繁荣。人们相信，作为一个世界共同体，只有联合起来才能克服发展问题，这种信念是现代最伟大的思想之一。回首这一世纪，我们发现，我们还没有实现创建这些机构的理想。虽然全球经济在繁荣发展，但战争和革命在全世界造成了无数人的伤亡。今天，全球治理和金融机构正承受着越来越大的压力，因为这个世界越来越复杂。世界各国比近代任何时候都更加繁荣，更加多样化，更多分歧，也更加难以治理。在全球范围内，技术是改变员工、组织与国家之间关系的一个重要因素。传统结构依赖于人们跟随一群精干的精英领袖，而现在，种族群体、国家和个人都在寻求自己的突出地位，世界正由单纯追随领导者向影响力更为分散的类型转变。

世界所处的这种转型在人类历史上是独一无二的。如果我们回到三四千年前，我们会发现，领导者少，追随者多的现象一直延续到我们这个时代。领导力曾经是国王或王后、部落酋长、军事统治者、总统，或者现代企业首席执行官的专属特性。在过去的几个世纪里，组织领导者是最能获得领导力所需资源的人。金钱、军事力量、情报信息、行政结构和物质资源保证了领导者行使职责，其他人都成了统治者的追随者或臣民。即使在贵族政权向民主国家转型的时候，国家的统治结构仍然保持相对不变。

此后，数字时代蓬勃发展，分销成本不断下降，领导力资源开始分散。创业企业的发展时代伴随着计算机革命而来，这并非偶然。一个拥有计算机和在线账户的个人可以在世界上几乎任何地方实现企业蓬勃发展。在网上销售各种消费品的小企业的激增标志着分散型商业正在迅速向前发展。

分散型关系网络是人类参与的新环境，它们有一个非常不同的结构。它们更敏捷，可以更快地改换产品，开发新的服务，可根据情况一夜之间的变化改变营销策略。这种权力分散给那些依靠集中管理来维持其在市场地位的传统机构带来了更大的压力。

在一个集权的世界中，结构是业务管理、财务、产品/计划和运营等基本方面所构成的组织。如果公司脱离了影响力循环模型的协同性，公司就会受到损害。

构建分散型结构可以最大限度地发挥员工之间的互动。由影响力循环模型形成的协同性创造了一个富有领导力的，以影响力为宗旨的网络。

它们不是相互竞争的结构体系，而是相互补充的结构体系。我们所处的转型期并不拒绝集中型结构，反而通过实施关系网络来改善这种集中型结构。这就是为什么具有领导力和协同性的影响力循环模型能满足各类组织的迫切需要，它使地方行动在全球范围内的兴起成为可能。

我之前在巴基斯坦的经历表明，我们都生活在地方社区。如果我们将这种观点放在我们与互联网的连接中，我们每天与他人的联系都会更有意义，所有的关系网络都是地方网络。

未来既是个人的，也是社会的。在社会中，我们发现影响力循环的领导者在层级和网络之间、集中型结构和分散型结构之间架起了弥补鸿沟的桥梁。当关系网络成为公司的领导文化时，这些关系的地方影响就可以拓展到全球范围。从这个角度来说，未来是一个关系型的未来。

为什么地方性很重要

美国众议院前议长托普·奥尼尔（Tip O'Neill）曾因说过“所有政治都是地方的”而闻名。当他在将近半个世纪前说这句话时，那时我们的互联网世界还没有发展起来。在巴基斯坦做难民援助工作的那个夏天，我给家人写信，从我们在穆里山城的基地寄出，一个星期后，信才会寄到家中。今天，我可以和住在中国的女儿面对面地交谈，我们不用再拨打长途电话，所有电话都是本地电话。

我们对世界的看法和我们在世界中的位置正在改变。三十年前，我和我祖父坐在一起，庆祝我第一个儿子的出生，我们都随祖父的姓。帕皮于19世纪末出生在北卡罗来纳州山麓的一个小县城，他现在已经90多岁了，他亲眼看见20世纪发生的巨大变化。我们坐在他腿上，我问他：“你一生中看到的最重要的变革是什么？”他毫不犹豫地回答：“收音机！”我问他为什么，他说：“因为我们能与世界各地的人们建立联系。”我祖父儿时的收音机通过无线传输将一个地方人们的故事讲述给其他地方的听众，我们并不是穿越到今天通过智能手机实现即时通信的时代。这一变化的影响是，我们有能力以一种个人的，一对一的，比以往任何时候都更加互利的方式在全球范围内建立联系。

今天，我们不受当地地理条件的束缚。相反，我们可以自由地选择在地方层面上影响我们的全球关系。我们的生活不再仅仅是关于我们的城镇、我们居住的街道，或者我们在公共汽车上或市场上遇到的人。地方层面是关系型的，当它对我们来说变得更加私人和关系化时，我们就可以采取个人主动行为，对世界的另一端产生影响，因为它对现在对我们重要的人产生了影响。这就是为什么我们所经历的最重大的变革是我们的自我认知的变革。你能把自己看作是一个有影响力的地方领袖吗？你的故事能激励世界各地的人们以你为榜样吗？这就是我们即将迎来的未来。

当我们在当地发挥影响力后，我们决定在远离家乡的地方工作。这里有两个我最亲密的朋友的故事，让我备受鼓舞。

远离家乡创造地方性影响力：大卫和唐娜的故事

本章的灵感来自我的两个朋友，他们的想法是在地方层面创造全球化影响力。大卫和唐娜·普乌住在美国加利福尼亚的一个沿海小镇上，在那里他们每天都可以冲浪。大卫是一位艺术家，有着令人着迷的多彩职业生涯。唐娜拥有贝蒂腰带，这是一个以“海洋为灵感”的珠宝和服装品牌，她对冲浪有着无与伦比的热情。多年前，唐娜去了印度尼西亚的巴厘岛，为其设计寻找工匠。她联系到了巴厘岛的当地人，她遇到了一对做珠宝生意的夫妇，他们把她介绍给银器工匠，她现在和他们一起制造她的珠宝。

事情就是这样发生的。他们建立了联系，形成了关系，实现了互惠合作，企业成长，社区发展壮大，并且变得更健康、更有活力、更成功，孩子们在一个全球互联的关系世界中长大成人。这就是大卫和唐娜在巴厘岛所做的事情，他们把一个遥远的梦想中的冲浪之地变成了一个做生意和投资的地方。

我想让你们明白的是，这个世界并非是一个遥不可及的地方，也不只是一本书或电脑屏幕上的图集。感同身受但无所作为，这不仅无法令人满意，还会让人感到遗憾，即使是写作也不足以满足我们想要有所作为的愿望。在当地采取行动并不是为了让我们感觉良好和高尚，而是要在当地社区产生影响力。只有实现社会影响力后，个人影响力才能得到真正的满足，而社会影响力是我们关系质量的产物。

如今，我们不再受地理条件的限制，也不再旁观别人的生活。我们可以行动起来，选择一种有意义的生活，与那些能从我们所提供的东西中受益的人和地方建立联系。作为回报，我们的生活被尊重和感激所改变，我们看到一个影响力的图景就展现在我们面前。

很多次，我坐在大卫和唐娜的家里，看着她用漂亮的海玻璃片来设计首饰，然后交给巴厘岛的银器工匠。她的巴厘岛工匠并不是那些在工厂工作的无名无姓的人，他们都是她认识的有家庭的人，她在加利福尼亚的企业为他们提供了工作来养家糊口，但他们之间关系的密切程度远不止如此。

当一个人有了名字，他就成了一个人，可以用一个故事来讲述，把我们彼此以当地为背景联系在一起。当我们认定这些关系很重要时，我们开始思考我们为他们担负怎样的责任。当我们发现他们可以给我们一些有意义的回报时，就像阿富汗难民对我表示感谢一样，我们在全球范围内建立的关系在地方层面上改变了世界。

多年来，唐娜和大卫与巴厘岛人民的关系已经超越了商业关系和对冲浪的热爱。在一位名叫大卫·布斯的英国侨民的介绍下，他们与住在巴厘岛东部山村的人们建立了关系。大约二十年前，布斯开始关心这些村民，他成立了东巴厘岛扶贫项目，以应对他在那里看到的挑战和机遇。他们的任务声明如下：在印度尼西亚东巴厘岛贫困农村社区消除贫穷，促进对文化敏感的可持续社会和经济发展，重视儿童的健康、营养和教育。

唐娜被布斯的远见和他正在产生的影响力所感动，将他的组织指定为她的“为地球贡献1%”项目的捐赠接受方。只要时间允许，他们就去拜访布斯及他们现在资助的山村村民。对唐娜和大卫来说，巴厘岛是他们当地社区的一部分。他们每年都花一些时间在那里与银器工匠一起工作，与当地的孩子一起冲浪，并与山村的人们一起投资开发项目。对他们来说，巴厘岛并不是一个旅游目的地，它是他们当地社区的一部分，那里的人们是他们家庭的成员。

任何地方都可以作为“当地”

当我听到像大卫和唐娜与巴厘岛这种关系的故事时，我的心感到很温暖，我对他们所做的一切感到深深的感激。但是，我往往不去问：“为什么不是我？”

你可能会问，我从哪里开始？你不必去巴厘岛旅行，可以找到一个需要关照的当地社区，如此，在距离你家或公司的几英里（1英里=1.6千米）范围之内，就会有人从与你的关系中受益。不要从一个项目开始，要从互相了解开始。因为可能存在的情况是，他们不是一个当地社区关系的对象，而你是。

很久以前，我听一位苏格兰教授讲到他第一次去看美式橄榄球比赛。他说，体育场座无虚席，观众精力充沛，比赛激动人心；他说，他们去看比赛是为了给他们的球队加油鼓劲儿，使他们的球队取得胜利。令他吃惊的是，他发现自己也变得情绪高昂。在我们与不是我们的邻居、城镇或国家的人发展关系时，这种情况经常发生，我和阿富汗难民的交往经历也教会了我这一点。

每当我们发挥个人主动性去创造影响力时，我们就是在引领其他人加入我们的道路。当我们这样做的时候，我们就会发现领导力不仅仅是个人的，也是社会的。当社会领导力起作用时，影响力可能是神奇的。问问大卫和唐娜就知道了。

作为当地企业来发挥领导力

我所见过的许多人都是以个人身份在地方层面发挥领导作用的。同样，每一个健康的地方社区都是如此，因为当地的企业和组织也在采取主动行动来加强他们的地方社区。

一个疲弱和运营不良的企业，不仅对其本身来说是疲弱的，而且对整个社区而言也是疲弱的。企业不仅实施一系列有目的的活动，同时还行使加强社区的社会功能，这就是作为一家当地餐馆的老板、一个小联盟棒球队的所有者及足球场的创建者的克雷格所理解的内容。他在当地影响着他所在城镇的人们的生活，也影响了那些游客和商务旅行者的生活。

以地方为基础，可以实现全球化影响力。然而，它必须从地方开始，这样我们才能为世界提供强有力和可持续的支持。这就是影响力循环如何从一个屏幕上展示的模型转变为指导我们采取个人主动行动在全球范围产生影响力的方法。

这就是领导力的未来，也是我们生活的未来。我们发现我们还未真正挖掘出我们的潜能，这种潜能一直隐藏在我们体内，只有通过行动才能被挖掘出来。

结语

从小事做起，逐步发展

活过百岁是我的目标。因为我的爷爷和外公都活到了94岁，所以我觉得我也能长寿。

我在奥地利维也纳和一群高中生谈论个人领导力和活到100岁。

“你们有多少人感到很无聊？”

有几个人举起了手。

“你们知道吗，随着现代医学和健康生活的进步，大多数人很容易活过100岁。”

我又问，有多少人是在2000年出生的？房间里100个学生中大概有三分之一举手了。

“我希望你们可以设想一下，假如让你们在2100年1月1日醒来，并反思你们的生活，会有什么感觉？如果你们现在感到无聊，那么在百岁时会不会感到无聊？我希望不是。”

我们中的大多数人不是以这种方式思考的，我们越来越多地被告知要活在当下。未来太远了，我们无法把握，只有好好享受当下的每一天。

但我认为我们直到生命终结也从未真正看到我们年轻时的潜力。我想到了几个人，他们是我的导师，当时他们已经过了退休年龄，而我那时还很年轻，一窍不通。那些人没有一个人活到100岁，但如果我能成功活到百岁，他们的影响力就会维持到百岁。

我对学生们说，我们感觉生活无聊的原因之一是我们用日常活动来衡量，比如我今天做了某件事，明天我要去某个地方。几周或几年后，我们所要展示的生活就是一份排得满满的日程表和一些有趣的故事。

我向学生们建议，你们应该围绕自己能产生的影响力来安排自己的生活。我问：“你们中有多少人现在正在改变一些人的生活？”

坐在前排的一个年轻人举起了手，我让他站起来告诉我们他在做什么，他告诉我们他正在指导一个中学生。他说这话时，带着掩饰不住的喜悦和活力，你可以看到他将会在自己漫长的人生中改变他人的生活。

然后我把话题转回到他们的寿命上。“你们知道吗？你们现在17岁，如果活到100岁，你们还会再活83年。你们知道83年有多少天吗？超过3万天。”

“现在，我想让你们做一个决定，在余生的每一天都努力去做一些有意义的事情。当你在2100年到达100岁时，你可以回顾你的生活，所有那些3万天中发生的影响力瞬间将会飞回你的脑海。”

“如果你们这样做，你们中有多少人认为自己的生活会很无聊？”

成为一个有影响力的人并不需要在你的生活中做出巨大的改变，只需要从一些小事情开始做起。也许你会带某人去吃午饭，然后谈论他们在生活中遇到的困难；或者你下班后留下来，帮别人把会议包整理好。你要做的就是开始行动，从小事着手，每天做点什么。

当我站在高中图书馆里，憧憬着世界的美好未来时，我想知道其中是否有我的贡献。我决定以一种荒诞的方式表达我想过一种有影响力的生活理念。

“既然你们都是商科学生，我想你们应该懂得如何组织事情。我希望你们可以思考如何围绕你们所能创造的影响力来组织你的生活。”

“现在，如果你们的生命还有3万天的时间，那么就会存在3万个有影响力的时刻，你为什么不安排好你的生活和工作，在你的余生中的每一个小时都能创造出一个有影响的时刻呢？毕竟，在你的余生中，你将每小时都在做一件事。为什么不把每一个小时都变成一个具有影响力的小时呢？我们现在谈论的是你一生中有72万次影响的时刻。想象一下，只要你今天决定过一种有影响力的生活，你的生活就会发生变化。”

要想这样生活，首先要改变我们的自我认知。

我们中的大多数人都不是从小就有这种想法的，而我们所受的教育正好相反。不要急于求成，要保守一点；不要冒险，避免失望，按规矩办事；不要出风头，行为适可而止。

这些善意的忠告来自我们的长辈，他们不想让我们经历他们中很多人曾经面对的艰难和失望。

我则反其道而行之，不断尝试新事物。大胆尝试，不惧失败。即使当我决定重新开始我的生活，我也从未想过失败，我只是想着每天起床不断尝试。

这就是为什么我认为我们应该从小事做起，努力发展壮大。

我知道我吸引了在场的学生和老师们的关注。所以，我提高了一个级别。

“咱们这所学校是一所商业高中，我猜想你们正在学习如何衡量企业规模，对吗？”

会场没有回应。

我看到其中一位教授笑了。

“好吧，我建议你们应该学会如何衡量企业规模。我想让你们学会这个，这样你们就能学会如何衡量自己的影响力。”

“我的意思是，我希望你们能有意识地安排生活的每一个方面，这样就能创造出一个有影响力的时刻，也就是在你们余生中的每一天的每一个小时的每一分钟。谁来算算，影响力时刻到底有多少个？”

此时鸦雀无声。

“我们所说的影响力时刻有4500万个。”

现在，我知道摆在学生面前的是一个荒谬的命题，但只是在别人告诉我们以后我们才觉得它有些荒诞。

“你们学校有多少学生？”

几个学生大声说：“1000个。”

“好。现在我想让你们想象一下，在你们的一生中，你们每个人都以某种方式影响着4500万人的生活。如果你们1000

人都有这样的生活呢？这意味着奥地利维也纳的这所学校将改变人类历史的进程。”

在这些夸张的数字中，我想让你们思考一个事实。没有人知道未来会怎样，没人，你们不知道，我也不知道。我们今天所拥有的只是一个改变现状的机会，我们明天也会有同样的机会，后天也是如此。

过一种有影响力的生活不是始于大事，而是从小事做起。

当我重新开始我的生活时，我唯一的目标就是写一本书。我开始了创作，最初我的编辑告诉我结果不是很理想，她说：“用你的影响力循环模型来写这本书。”于是，我继续创作，第一天、第二天、直到今天。

在这个过程中的某个时刻，我开始不甘现状，我开始做小生意，后来逐步做大。

我的目标是激励和培训员工发挥个人主动性来创造影响力，使他们的地方社区实现重要改变。

我的第一个大想法是调动美国百分之一的人口来发挥领导主动性，我三年前就有过这种想法。百分之一是大约300万人，然后一个朋友说：“你为什么要限制自己？”这真好笑，300万人只是一个有限的数量。

她要求我去看整个世界，鼓励世界各地的每个人都成为一个影响力循环的领导者。好吧！占世界人口的百分之一，大约有7300万人。哇！现在我们说的是一些大的数字。

然后我听到另一个朋友说他是如何把他的公司业务扩大十倍的，然后还要把我们的生意拓展十倍。他说话的时候，我想：好吧。世界人口的百分之十是多少？哇！有7.3亿人。

现在它确实是一个夸张的数字，而未来它可能会成为现实。

我想让你今天去做一些你并未计划做的但能影响他人生活的事情。从今天开始，你要努力成为一个影响力循环的领导者。从小事做起、本地行动、具备耐心，在能产生影响力的事情中找到乐趣，把你正在做的事情记录下来。创作一个关于你自己的故事，明确采取个人主动行为的重要性。当你开始行动并逐步发展，同时创造和衡量你的影响力时，你就可以憧憬充满无限可能的未来。

最后一件事要谨记：影响力循环的领导力既是个人的，也是社会的。